M. Nader Asfahani / Margitta Bründel

# „Tischlein deck dich“

## nach Fotos



**Band 1:**
Grundlagenwissen
rund um den Esstisch und die Küche

Ideen für die Praxis

BRIGG Pädagogik

Gedruckt auf umweltbewusst gefertigtem, chlorfrei gebleichtem
und alterungsbeständigem Papier.

1. Auflage 2010
Nach den seit 2006 amtlich gültigen Regelungen der deutschen Rechtschreibung

Fotos: M. Nader Asfahani

ISBN 978-3-87101-**520**-5

www.brigg-paedagogik.de

# Inhalt

# Vorwort: Was dieser Band enthält

Gemeinsame Mahlzeiten mit der Familie oder mit Freunden können Höhepunkte im Alltag darstellen. Wer setzt sich nicht gerne an einen **schön gedeckten Tisch** und genießt frisch zubereitete Gerichte. Doch nicht nur das Essen macht Spaß, auch die **Vorbereitung einer Mahlzeit** oder **einer gedeckten Tafel** weckt bereits die Vorfreude auf das gemeinsame Erlebnis.

## Die Gestaltung des Tisches

Wie sollte ein schön gedeckter Tisch aussehen und welche Dinge werden dafür benötigt? Der vorliegende Band stellt für Schülerinnen und Schüler die ideale Einführung in diesen Themenbereich dar. Er fasst das hauswirtschaftliche Basiswissen rund um den Esstisch und die Küche kompakt zusammen. Eine Besonderheit besteht in der **visuellen Darstellung** der jeweiligen Abläufe: **Jeder Arbeitsschritt wird mit einem Foto festgehalten**, sodass auch leseschwache Schülerinnen und Schüler die benötigten Geschirr-, Besteckteile oder Werkzeuge eindeutig erkennen und bestimmte Abfolgen gut nachvollziehen können.
Im ersten Teil steht die exakte und schöne **Gestaltung des Tisches** im Vordergrund. Dies umfasst die Planung der Plätze, die Auswahl von Tischwäsche, Geschirr und Besteck. Es wird nicht nur das komplette Sortiment der Geschirr- und Besteckteile im Einzelnen vorgestellt und mit Fotos dokumentiert. Ganz konkret wird auch die **Vorgehensweise beim Eindecken eines Tisches** beschrieben. Ein Teilkapitel widmet sich dem kreativen Falten von Servietten.

## Geschirr und Hilfsmittel für das Kochen und Backen

Im zweiten Teil des Buches lernen die Schülerinnen und Schüler die **gängige Ausrüstung für das Kochen und Backen** (Geschirr und Hilfsmittel) kennen. Weiterhin enthält dieser Abschnitt einen überaus wichtigen Aspekt in der (Schul-)Küche überhaupt: die **Sicherheit** bei der Vorbereitung von Zutaten und im Umgang mit Küchengeräten. Hier werden zu vermeidende Fehler und richtige Vorgehensweisen anschaulich gegenübergestellt.
Auch den **Lebensmitteln als Grundlage einer gesunden Ernährung** ist ein kleines Teilkapitel gewidmet: Hier steht deren Haltbarkeit und richtige Aufbewahrung im Mittelpunkt. Die Informationen rund um das Ei und mögliche Zubereitungsarten werden ebenso behandelt.

## Zutaten für das Kochen nach Rezept vorbereiten

Den Abschluss bildet die **Vorbereitung der Zutaten** als letzter Themenblock. Sie stellt die Grundlage für das Zubereiten einfacher Rezepte im Hauswirtschaftsunterricht dar. Immer wiederkehrende Abläufe – wie beispielsweise Zwiebeln schneiden, Kräuter zerkleinern, Gemüse schälen, Salat waschen und schneiden sowie Tomaten vorbereiten – werden hier im Detail behandelt. Diese Arbeitsschritte sind für die Schülerinnen und Schüler nach einiger Übung für das Kochen nach Rezept schnell abrufbar und müssen nicht immer wieder beschrieben werden.
Durch seine im wahrsten Sinne des Wortes **„anschauliche“ Vorgehensweise** weckt dieses Buch auch bei Anfängern die Lust am Kochen. Ihnen und Ihren Schülerinnen und Schülern steht damit eine praktische und schnell einsetzbare Zusammenstellung für den Hauswirtschaftsunterricht zur Verfügung.

Wir wünschen Ihnen viel Freude mit unseren Anleitungen und vor allem ein gutes Gelingen!

**Margitta Bründel und M. Nader Asfahani**

# Tisch decken

## Verschiedene Arten, einen Tisch zu decken

Vor dem Servieren der Speisen wird der Tisch gedeckt. Lege eine saubere Tischdecke auf und decke den Tisch mit dem benötigten Essgeschirr richtig ein. Die einzelnen Schritte findest du auf Seite 8.

Das Einschenken der Getränke erfolgt von der rechten Seite. Die Speisen werden von links serviert. Die Teller werden dann aber von rechts wieder abgeräumt.

Beispiele für dekorativ gedeckte Tische in Gaststätten

Normales Gedeck für Suppe, Vorspeise, Hauptgericht und Nachspeise

Gedeck für ein 4-Gänge-Menü mit Fischbesteck und Salatschälchen

Gedeck mit tiefem Teller für Suppe

Gedeck für Hauptspeise mit Salat

Gedeck für Vorspeise, Fischgericht und Nachspeise

Gedeck für Vorspeise, Nudelgericht und Nachspeise

Einfaches Gedeck für Hauptspeisen

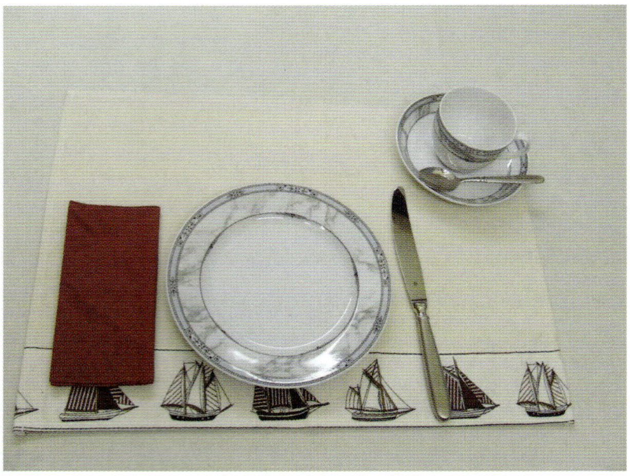

Einfaches Frühstücksgedeck

Frühstücksgedeck mit gekochtem Ei

Einfaches Kaffeegedeck

## Tischwäsche

Tischdecken aus verschiedenen Stoffen

Servietten aus Stoff

## Tischsets (Platzdeckchen)

Verschiedene Tischsets

Tischset aus hartem Kunststoff

Tischset mit Weihnachtsmotiv

Tischset aus weichem Kunststoff

## So wird der Tisch gedeckt

Lege zuerst eine saubere Tischdecke oder ein Tischset auf. Überlege, wie viele Personen am Tisch sitzen sollen. Bereite wie nachfolgend beschrieben die Plätze für alle Gäste vor.

Lege zuerst ein Tischset auf den Tisch.

Stelle einen flachen Essteller auf die Unterlage.

Auf den Teller stellst du einen mittelgroßen Teller für die Vorspeise.

Darauf kannst du die Suppentasse stellen.

Das Messer legst du rechts neben den Teller, dabei zeigt die Schneide nach innen.

Der Esslöffel wird rechts außen neben das Messer gelegt.

Lege die Gabel links neben den Teller.

Die Serviette findet neben der Gabel links außen Platz.

Einen Teelöffel und eine Kuchengabel legst du mit dem Griff nach rechts oberhalb des Tellers hin.

Das Trinkglas steht oberhalb des Messers.

Für das Nachtischschälchen ist oberhalb der Gabel Platz.

# Servietten falten

**Bunte Rolle**
Sehr leicht

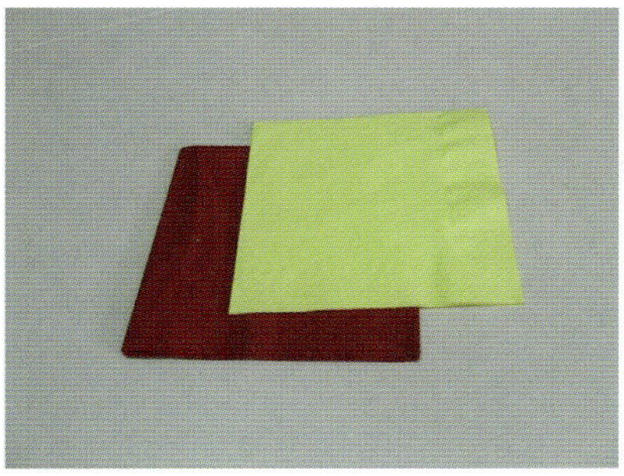

1 Man braucht zwei verschiedenfarbige Papierservietten.

2 Servietten auffalten und übereinander legen. Die obere Serviette 2 cm nach unten ziehen.

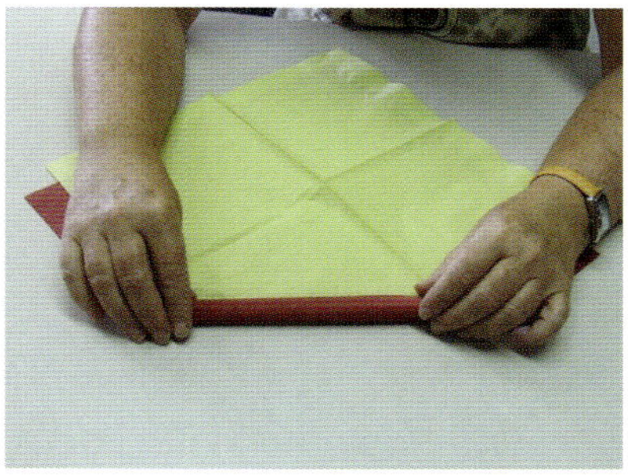

3 Die beiden Servietten von der oberen Ecke ausgehend in Körperrichtung ...

4 … bis zur unteren Spitze einrollen.

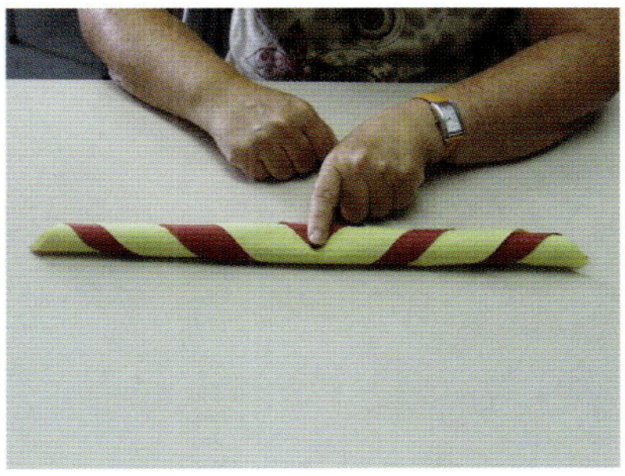

5 Den Zeigefinger in die Mitte drücken …

6 … und eine Seite nach oben knicken.

7 Die fertige Serviette in ein Glas oder eine Tasse stecken.

**Schmetterling**
Leicht

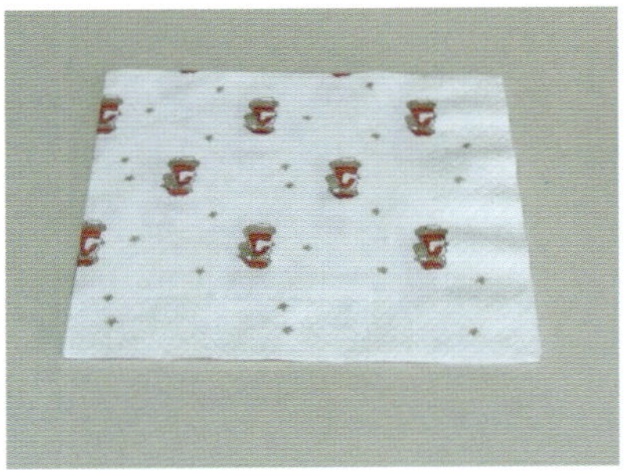

1 Eine Papierserviette flach auf den Tisch legen und wie eine Ziehharmonika falten.

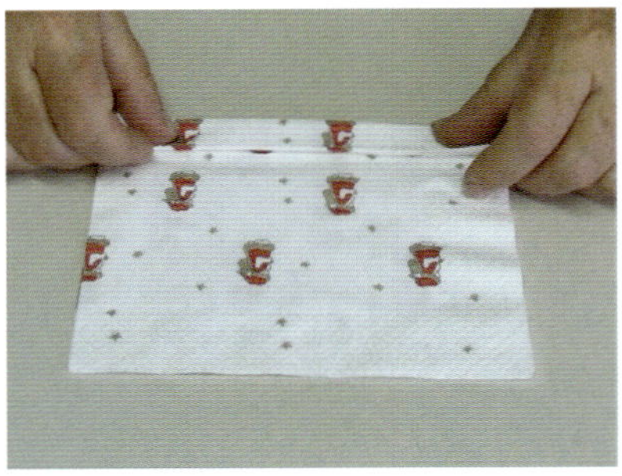

2 Dazu den unteren Rand ca. 2 cm nach oben falten, fest andrücken und die Serviette wenden.

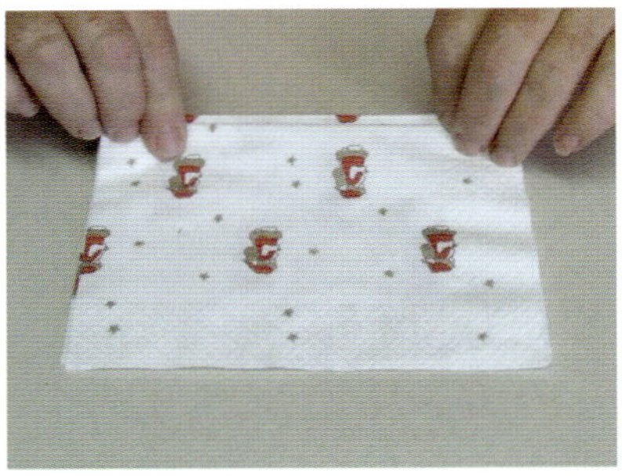

3 Die Falte sollte oben liegen, sie wird jetzt 2 cm nach unten gefaltet. Die Serviette wird wieder gewendet.

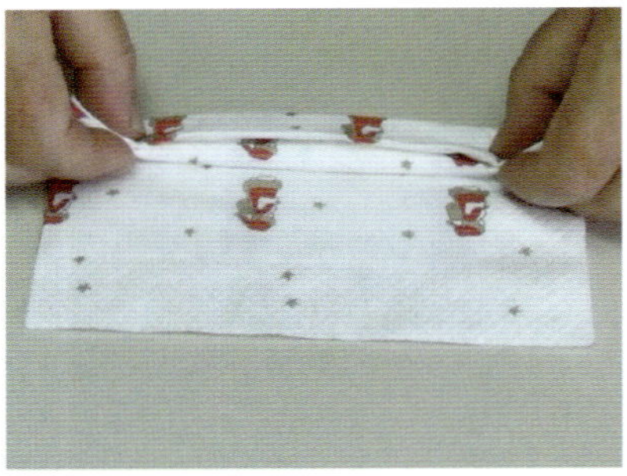

4 Das Faltenpaket wieder 2 cm nach oben falten und die Serviette wenden.

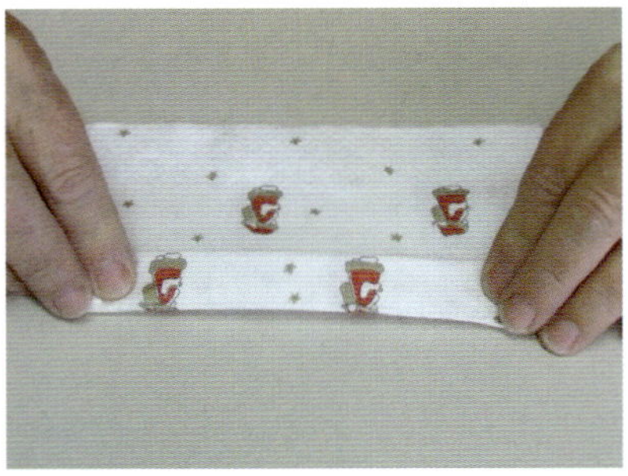

5 Wieder nach unten falten und die Serviette wenden.

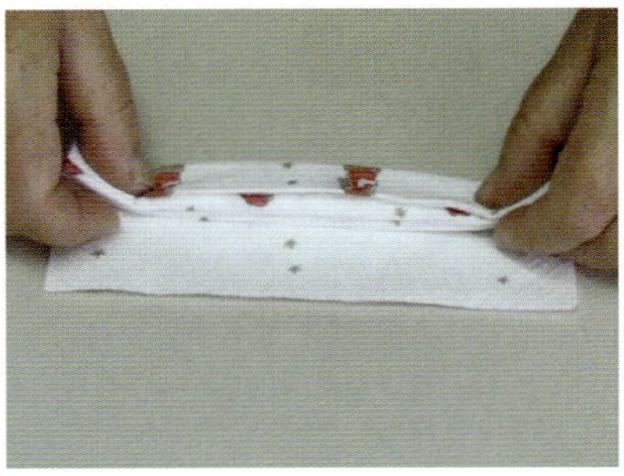

6 So fortfahren, bis die Serviette aufgebraucht ist.

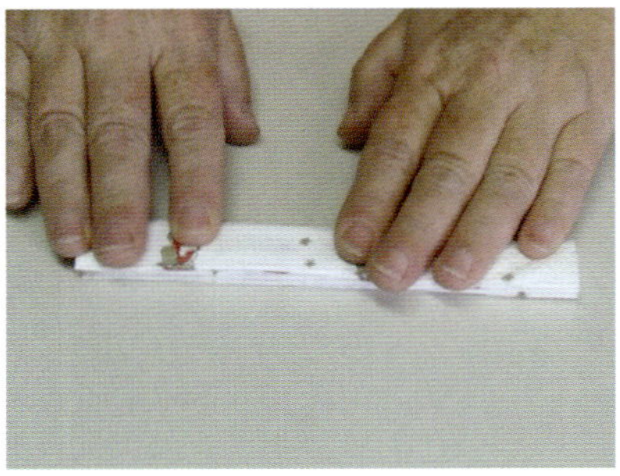

7 Serviette fest zusammendrücken.

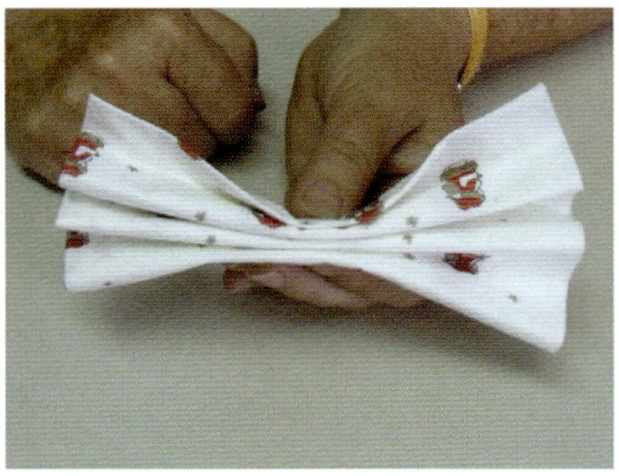

8 Serviette mit zwei Fingern in der Mitte halten ...

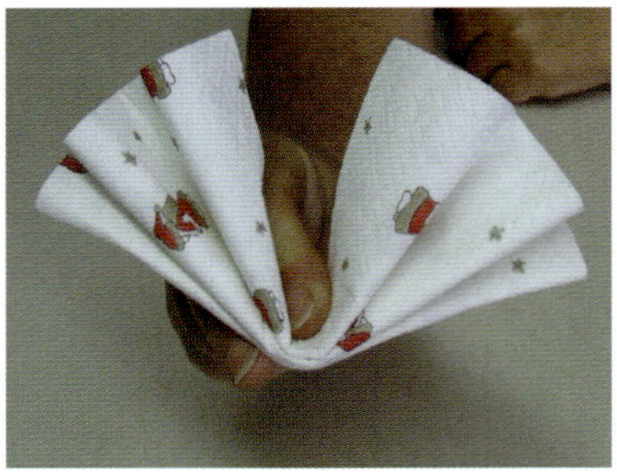

9 ... und knicken.

Asfahani/Bründel: „Tischlein deck dich" nach Fotos · Band 1 · Best.-Nr. 520

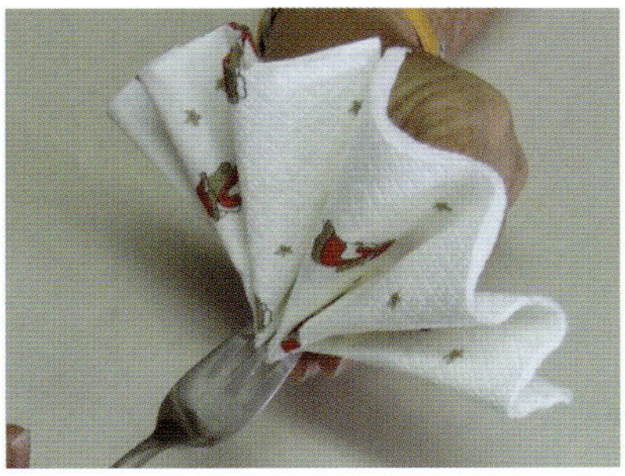

10 Vorsichtig die Zinken einer Gabel in die Falten stecken.

11 Auf dem Kuchenteller oder neben dem Gedeck platzieren.

**Fächer**
Schwierig

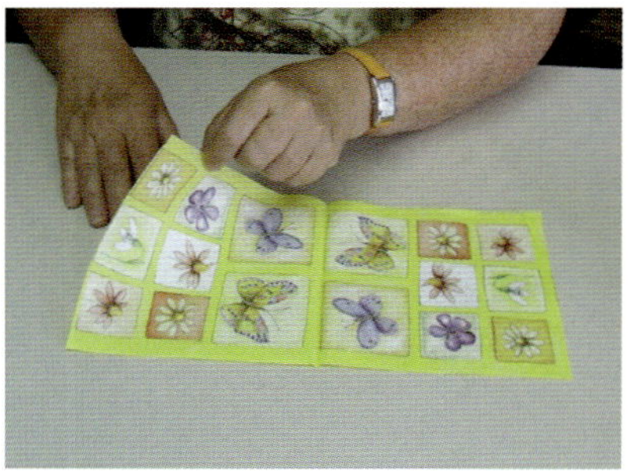

1 Eine Papierserviette zu einem Rechteck mit der offenen Seite zum Körper falten.

2 Die untere rechte Ecke der oberen Lage nach links bis auf die linke Ecke der oberen Lage …

3 ... ziehen und darauflegen, dann mit der Hand glätten.

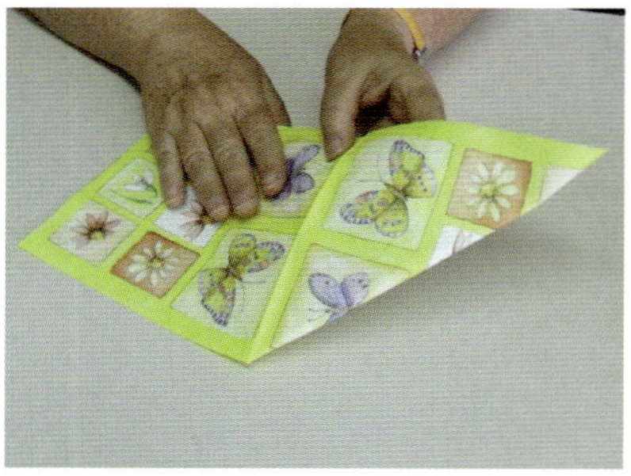

4 Die Serviette umdrehen.

5 Die untere rechte Ecke der oberen Lage nach links bis auf die linke Ecke der oberen Lage …

6 … ziehen und darauflegen.

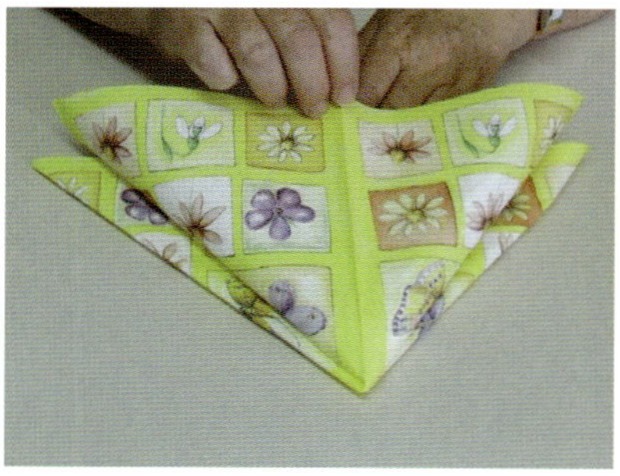

7 So entsteht ein doppeltes Dreieck.

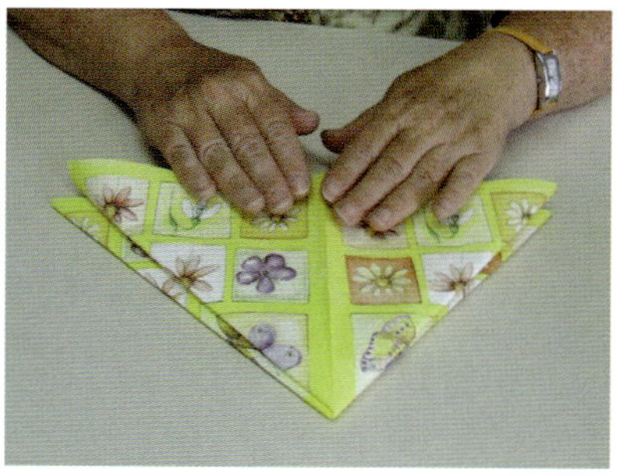

8 Das Dreieck mit der Hand glätten.

9 Das gefaltete Dreieck mit der Spitze zum Körper drehen.

10 Die linke Seite anheben, ...

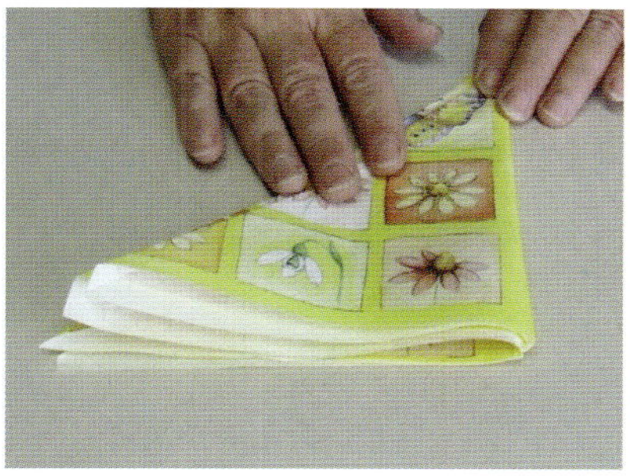

11 ... dann auf der rechten Seite ablegen und glätten.

12 An der unteren Spitze festhalten und die Falzkanten fächerartig öffnen.

13 Die gefaltete Serviette mit der Hand glätten.

14 Den Serviettenfächer unter die Kuchengabel auf den Teller legen.

# Geschirr, Besteck und Küchengeräte

## Essgeschirr

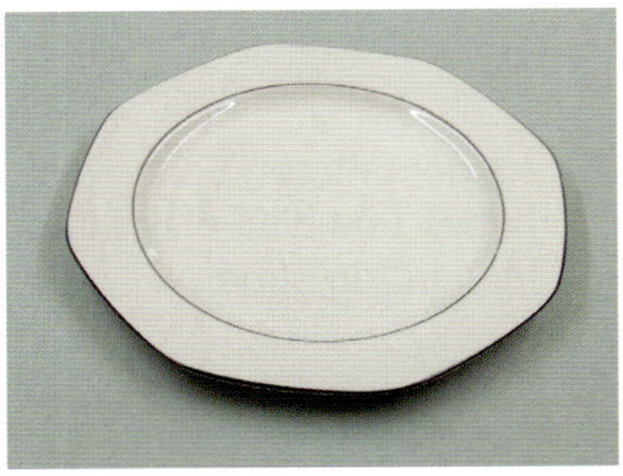

Flacher Teller

Tiefer Teller

Suppentasse

Schüssel

Servierplatte

Soßenkännchen

Fischbesteck

Große Gabel und Kuchengabel

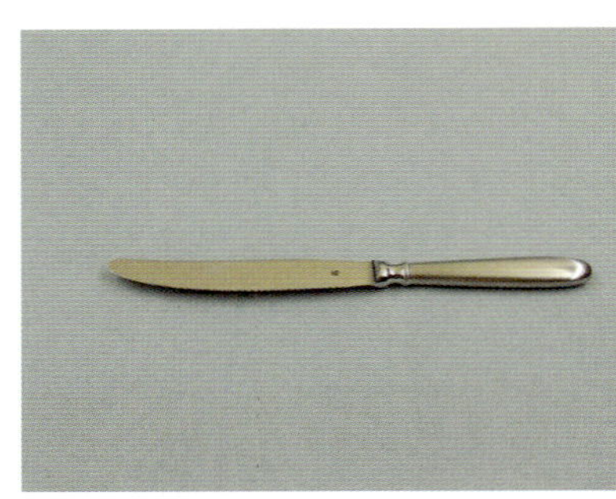

Messer

Suppenlöffel und Teelöffel

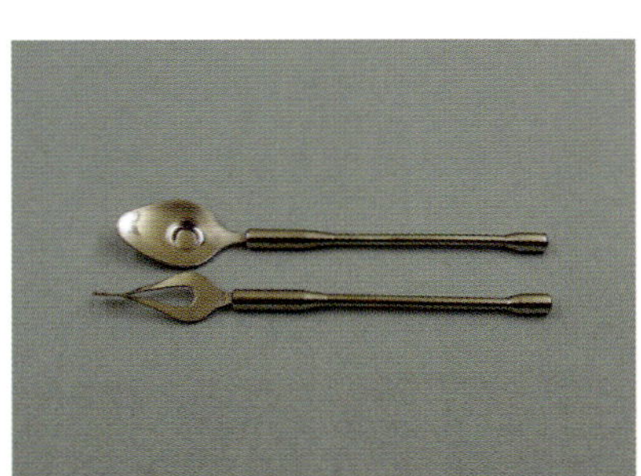

Spaghettibesteck

Wasserglas

# Kaffee- und Frühstücksgeschirr

Kuchenteller

Teeglas

Kaffeetasse mit Untertasse (Unterteller)

Milchkännchen

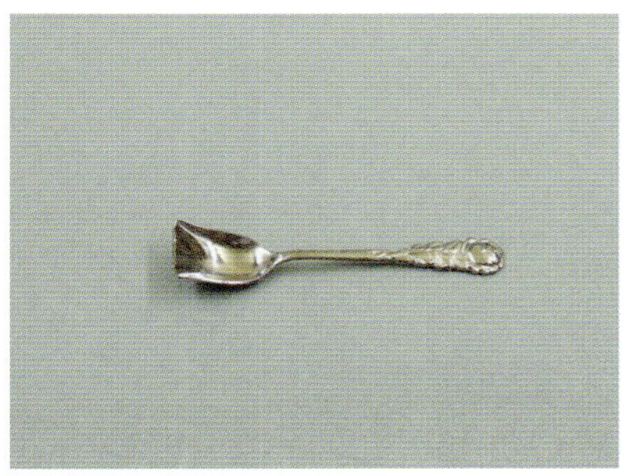
Zuckerlöffel

Zuckerdose

Eierbecher

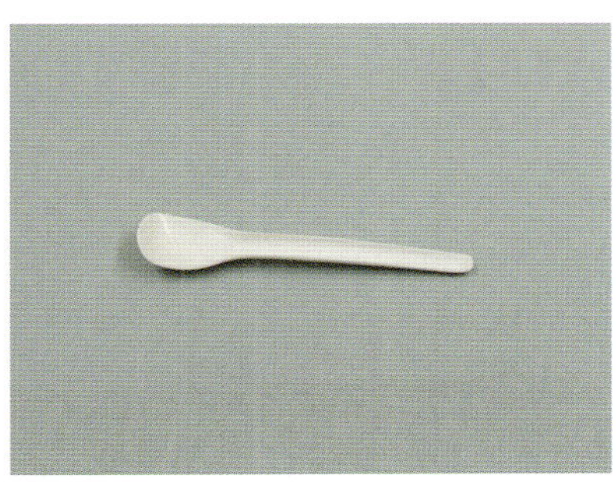
Eierlöffel aus Plastik

Kuchengabel

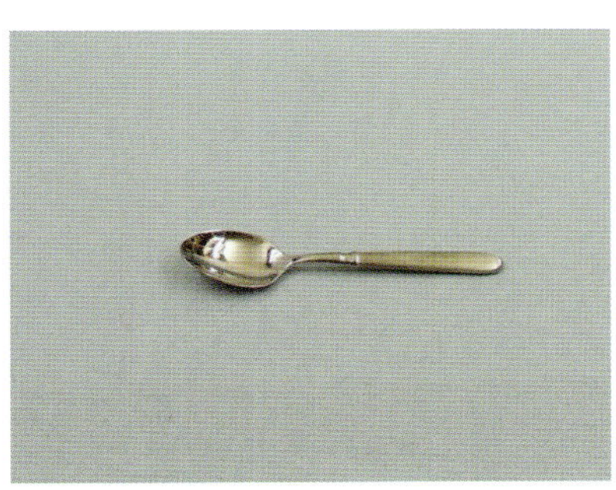
Teelöffel

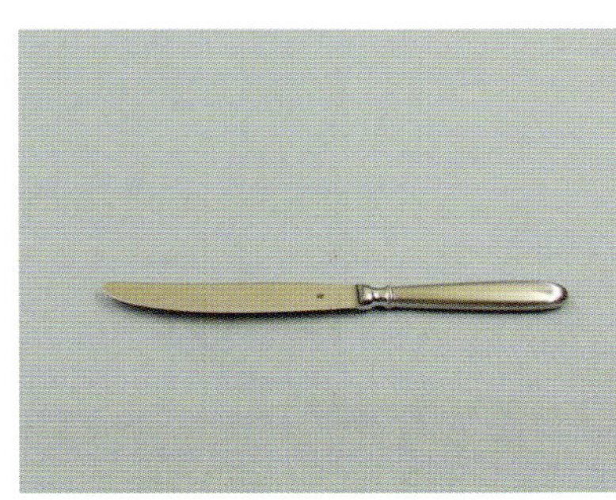
Messer

# Kochen und Backen

## Küchenhelfer (1)

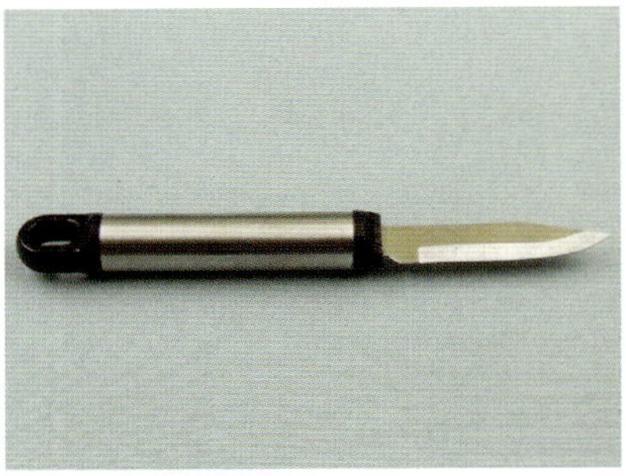
Schälmesser

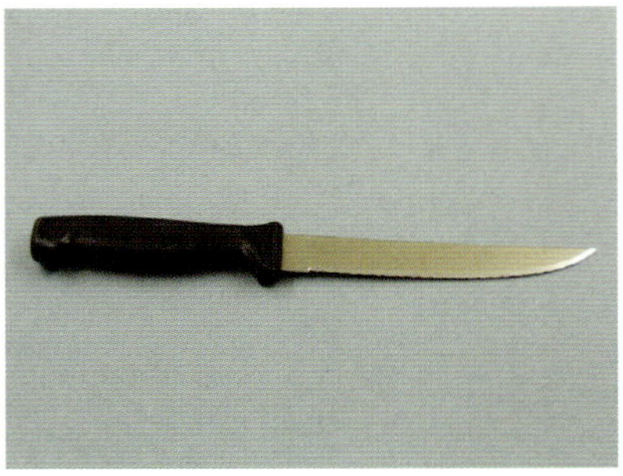
Küchenmesser

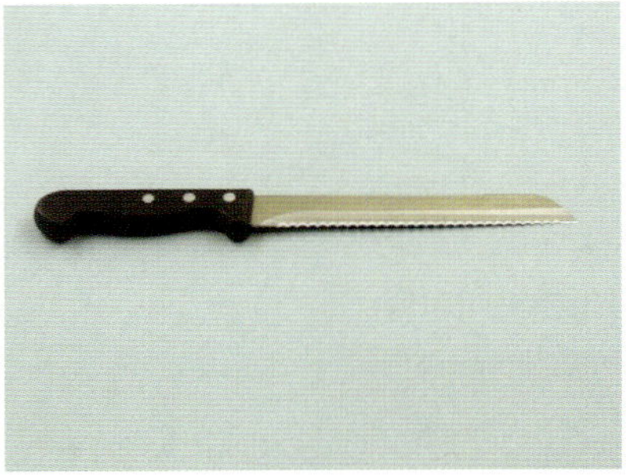
Brotmesser

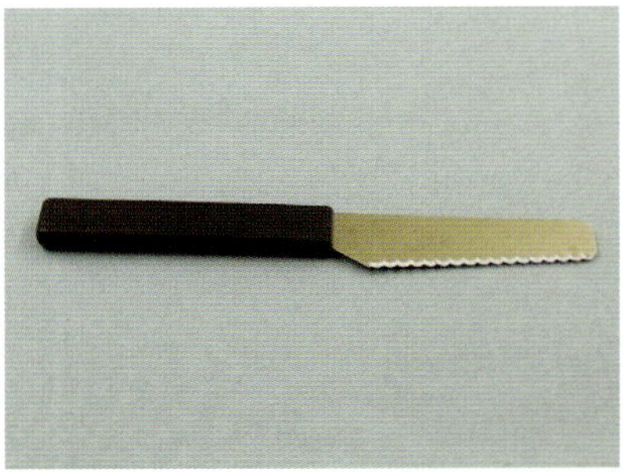
Brötchenmesser

Küchenbeil

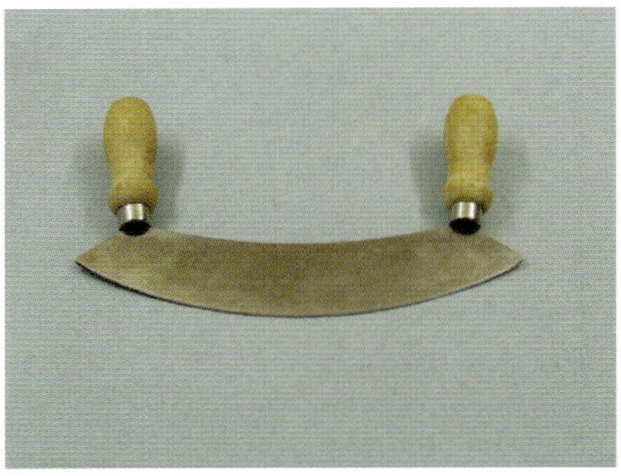
Wiegemesser

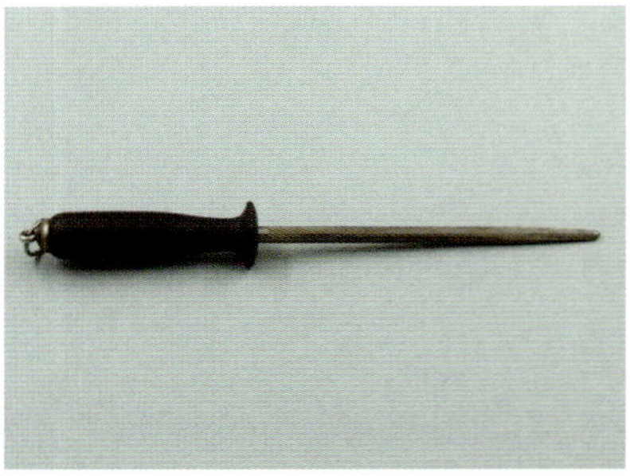
Messerschärfer (Wetzstahl)

Sparschäler

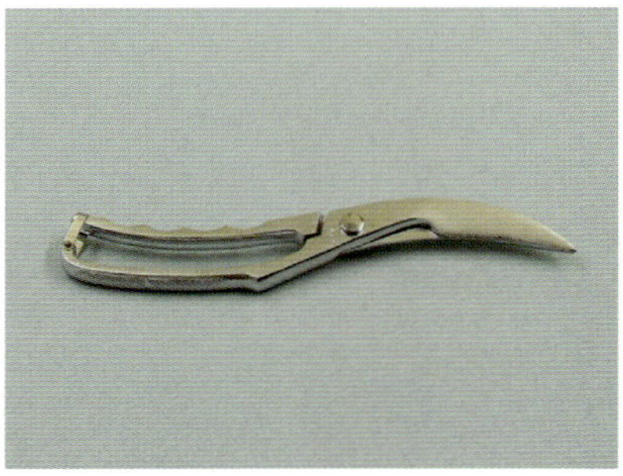
Geflügelschere

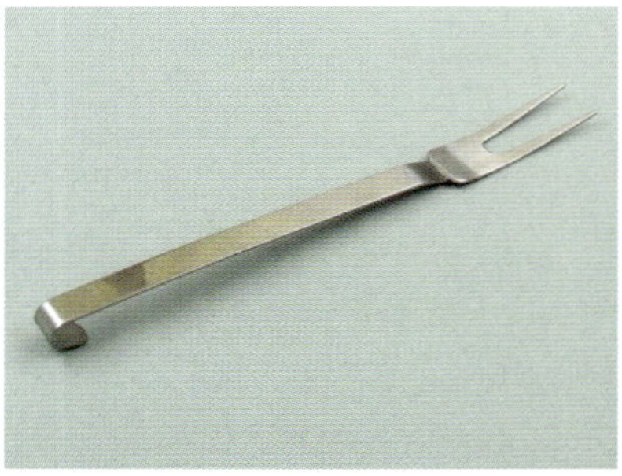
Fleischgabel

Suppenkelle

Servierlöffel

## Küchenhelfer (2)

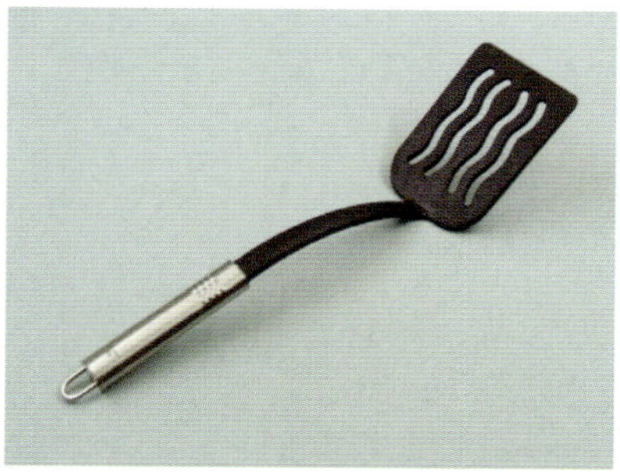
Pfannenwender

Schaumkelle

Soßenkelle

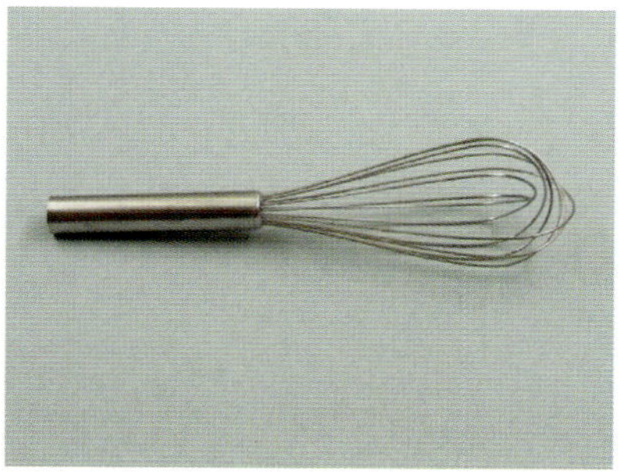
Schneebesen

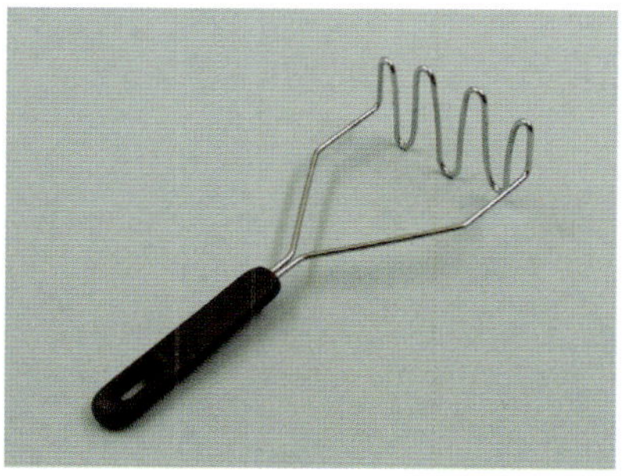
Kartoffel- oder Gemüsestampfer

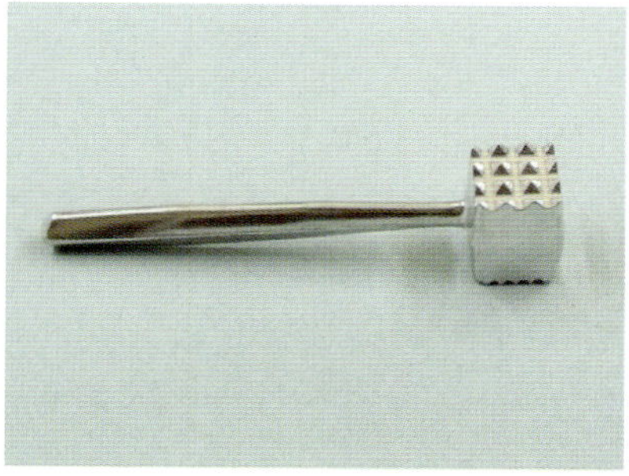
Fleischklopfer

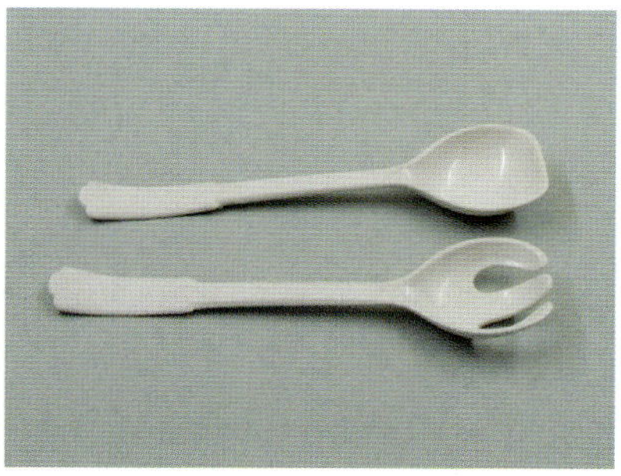
Salatbesteck

Knoblauchpresse

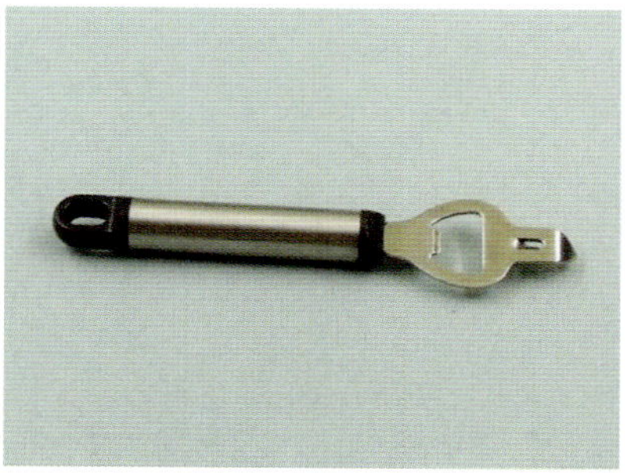
Flaschenöffner

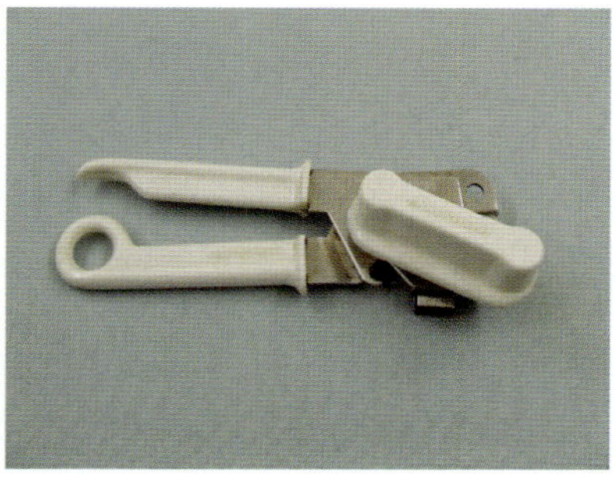
Dosenöffner

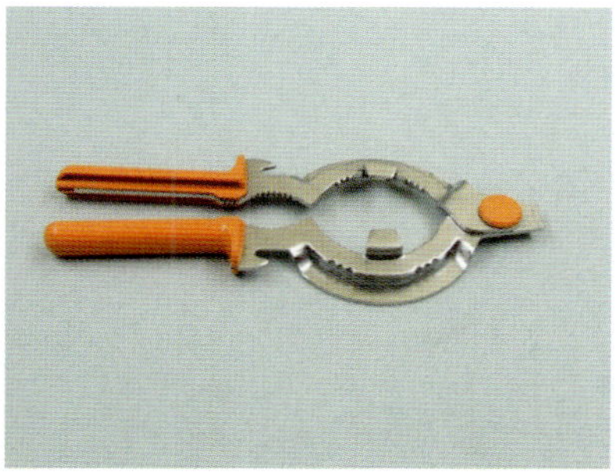
Deckelöffner

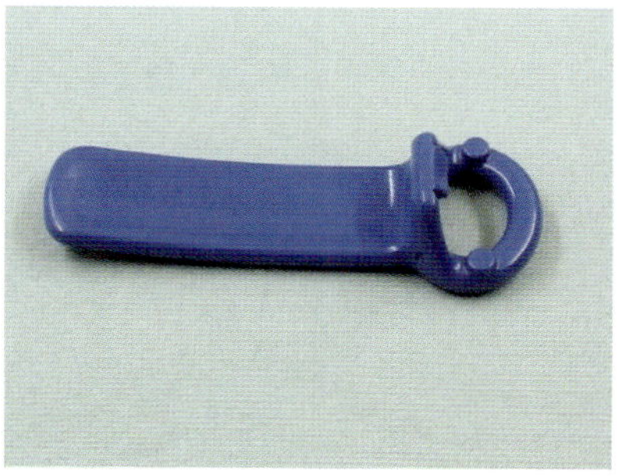
Deckelheber

## Küchenhelfer (3)

Korkenzieher

Schneidebrett (groß)

Schneidebrett (klein)

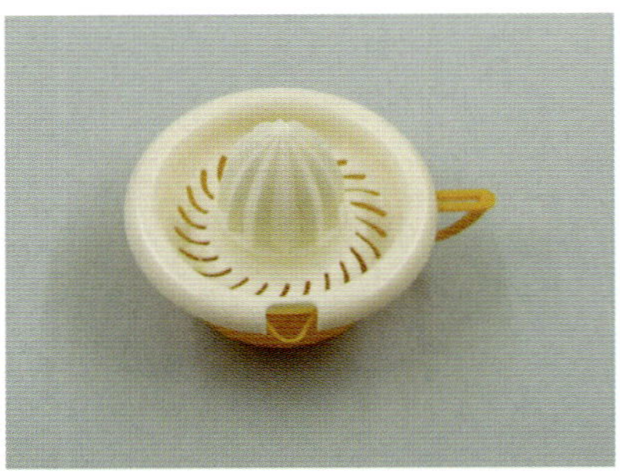
Zitronenpresse

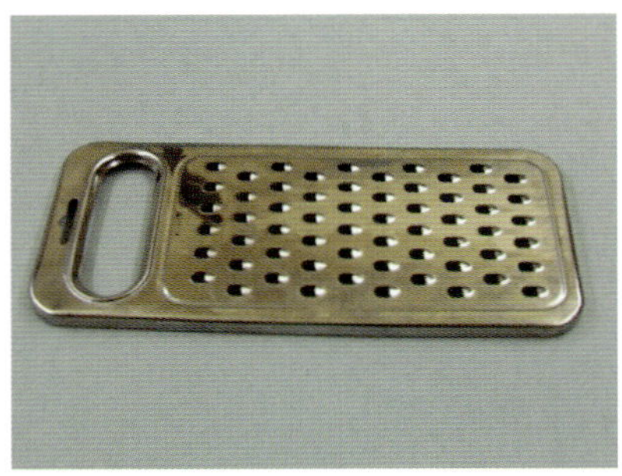
Küchenreibe

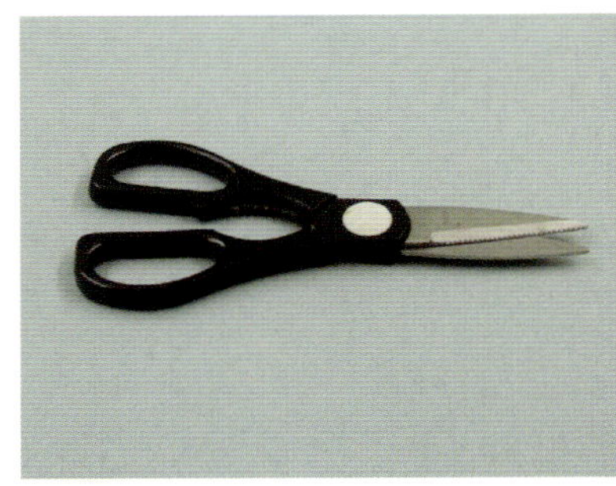
Schere

Mörser und Stößel

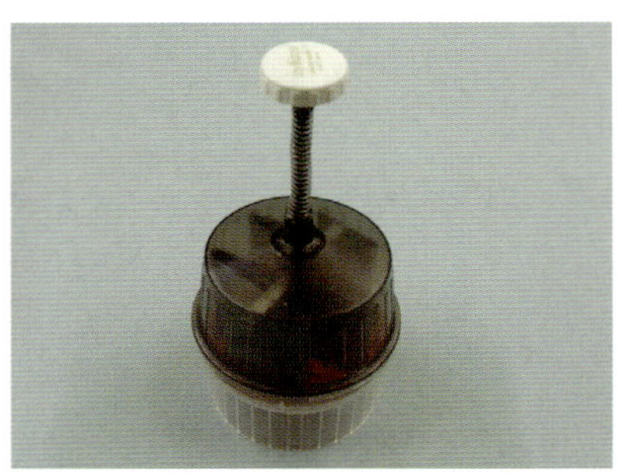
Mechanischer Zwiebelhacker

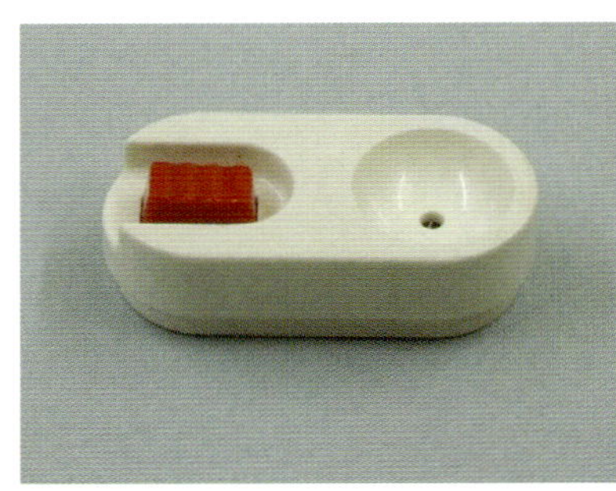
Eierstecher

Kurzzeitmesser

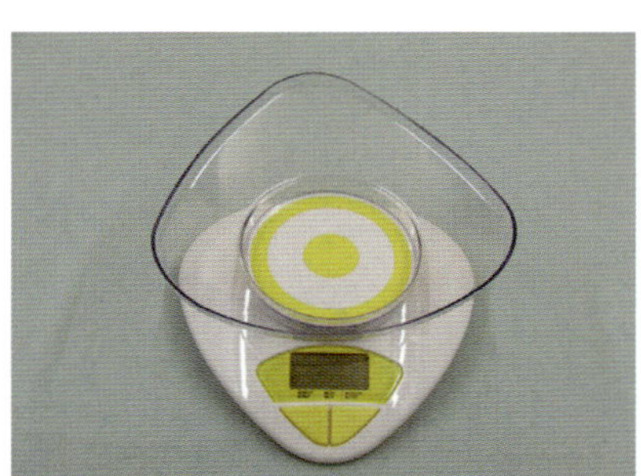
Elektrowaage

Mechanische Waage

## Küchenhelfer (4)

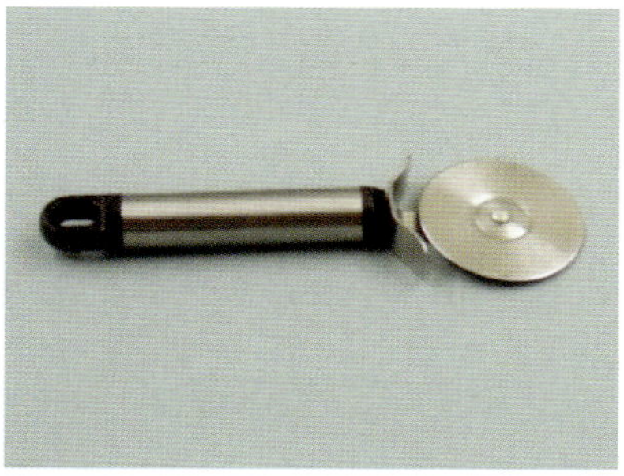
Teigrad

Ofenhandschuhe

Topflappen

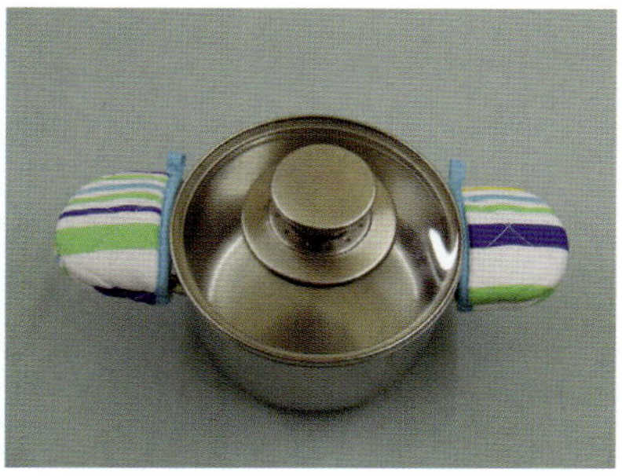
Servierhilfen

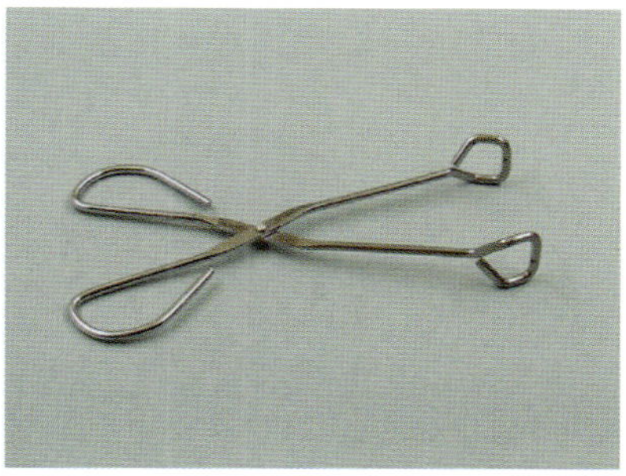
Metallzange (klein)

Kunststoffzange (groß)

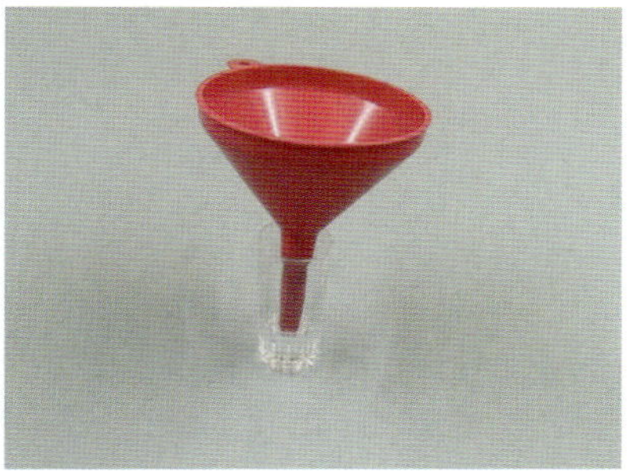
Trichter

Salatschleuder

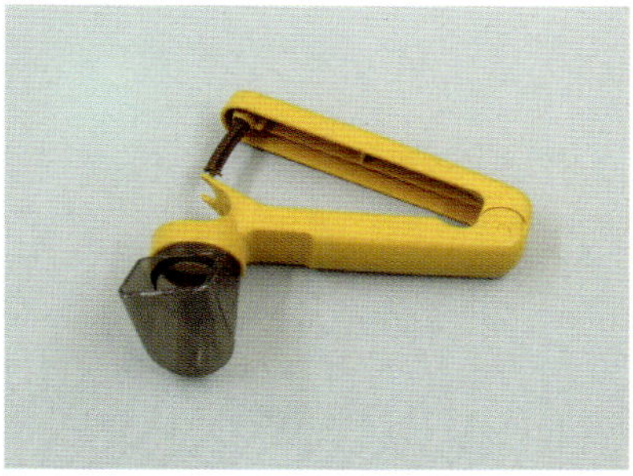
Entkerner

Apfelteiler

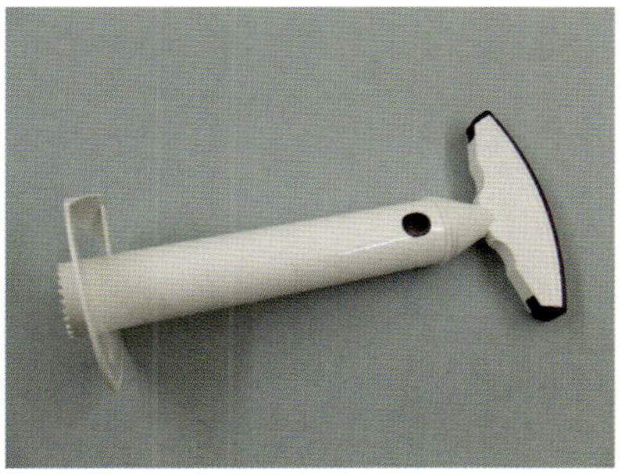
Ananasschneider

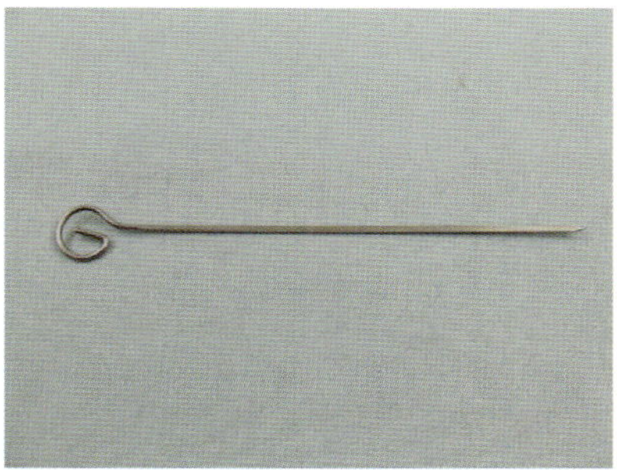
Spieß

## Kochgeschirr

Topf

Bräter

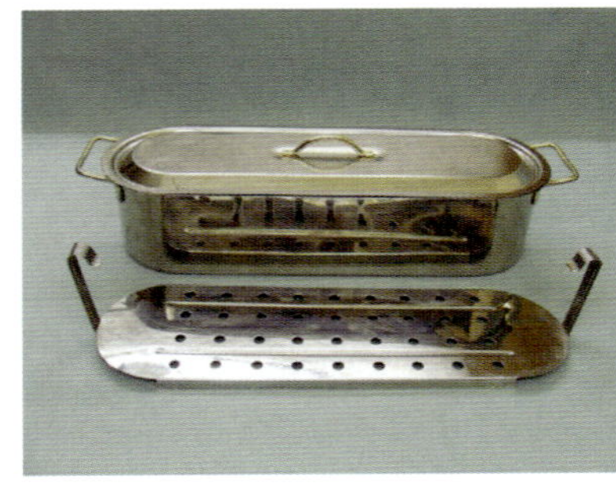
Dünsttopf für Fisch

Frittiertopf

Bratpfanne (flach)

Bratpfanne (tief)

Spritzschutz

Dampftopf mit Nudeleinsatz

Auflaufform aus Metall

Auflaufform mit Deckel

Backblech

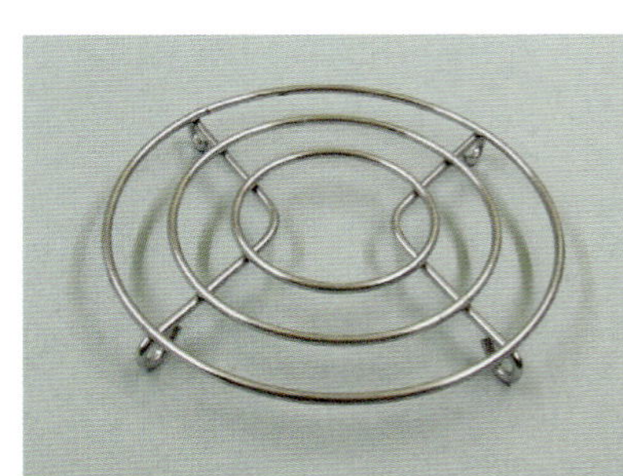
Untersetzer

# Kuchenhelfer (1)

Springform mit verschiedenen Böden

Napfkuchenform

Backform für Obsttortenböden

Muffins-Backform

Kastenform

Backblech

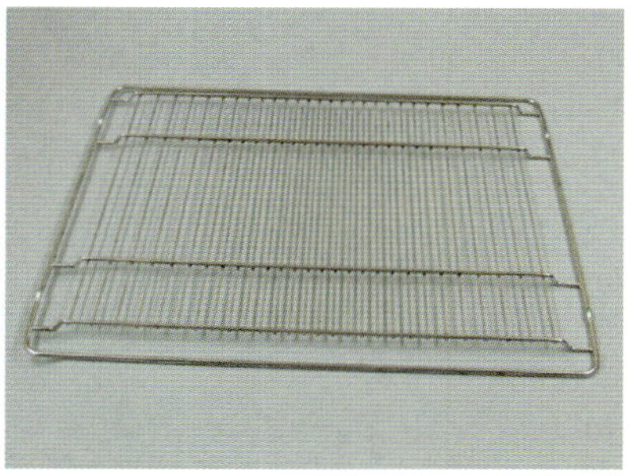

Backofenrost

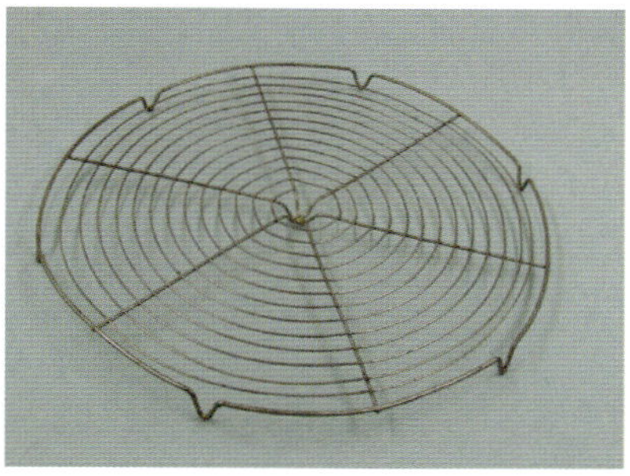

Kuchen-Abkühlgitter

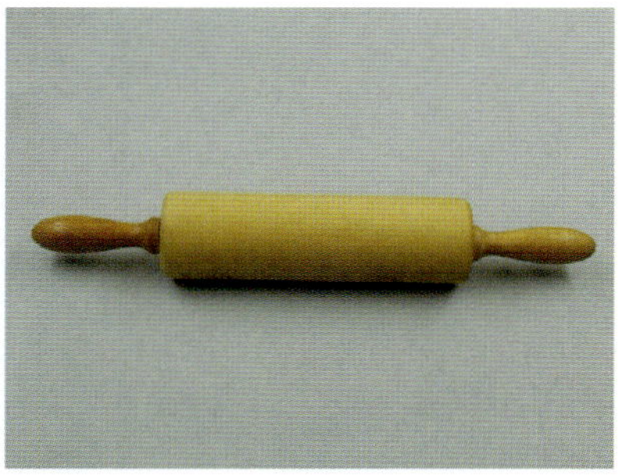

Nudelholz

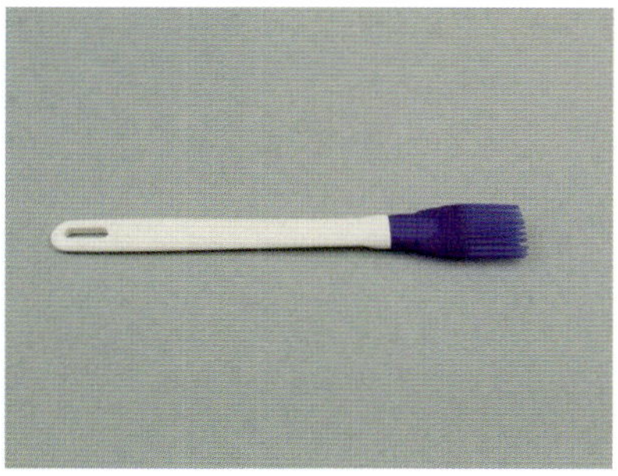

Backpinsel

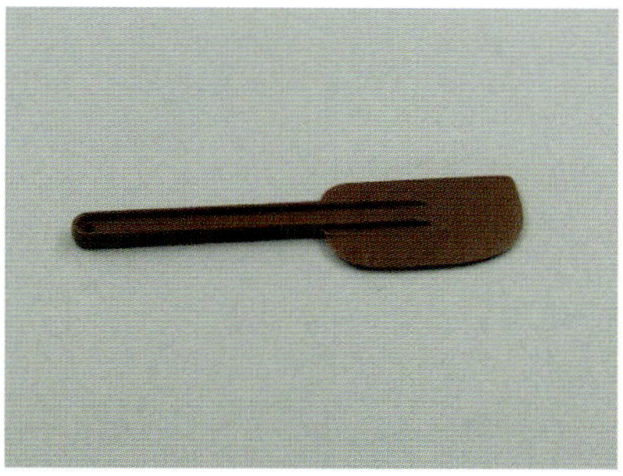

Teigschaber

## Kuchenhelfer (2)

Messbecher

Rührschüssel

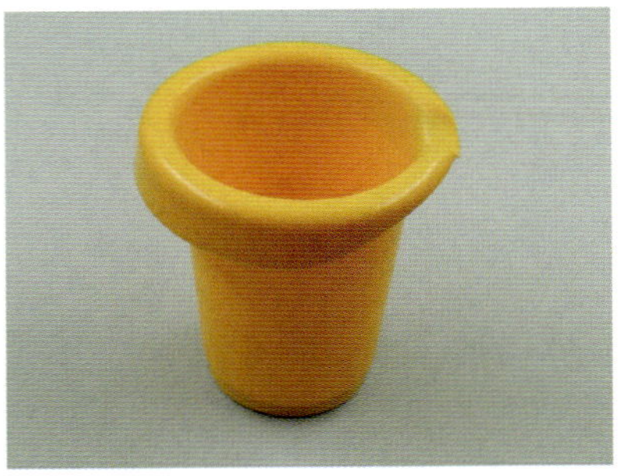

Rührbecher

Schneebesen

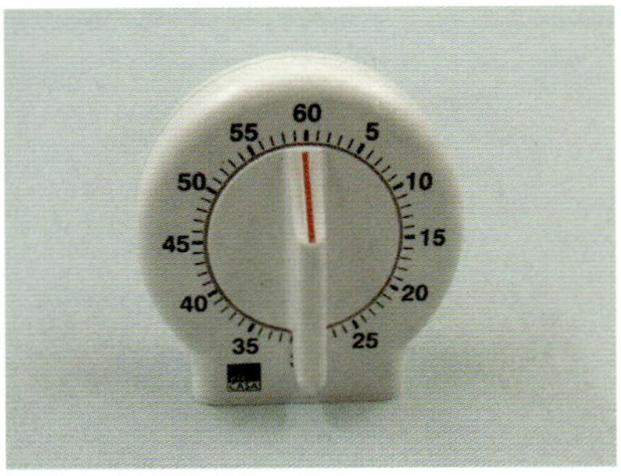


Kurzzeitmesser

Ausstechformen

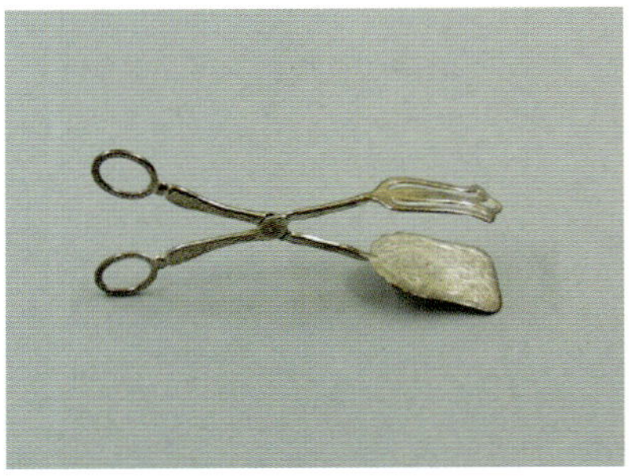

Gebäckzange

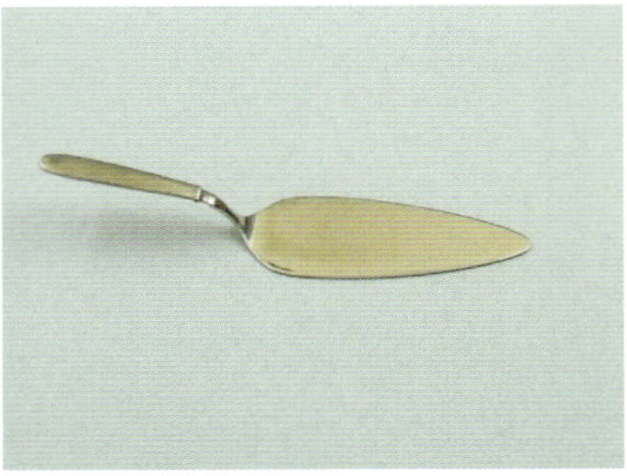

Tortenheber

Abdeckhaube für Tortenplatten

Tortenplatte

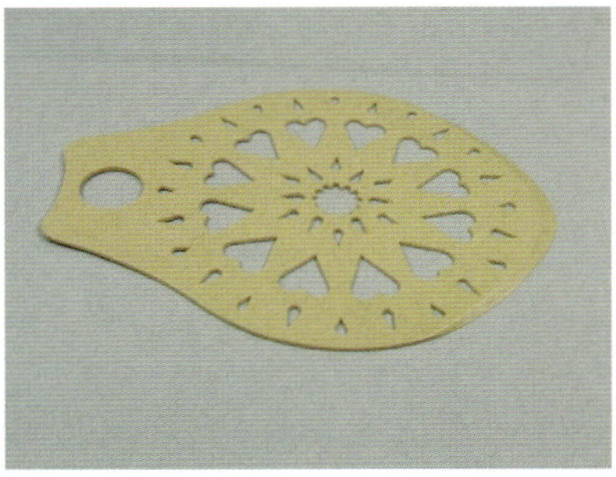

Kuchenretter

Drehbare Platte

## Küchengeräte

Fleischwolf

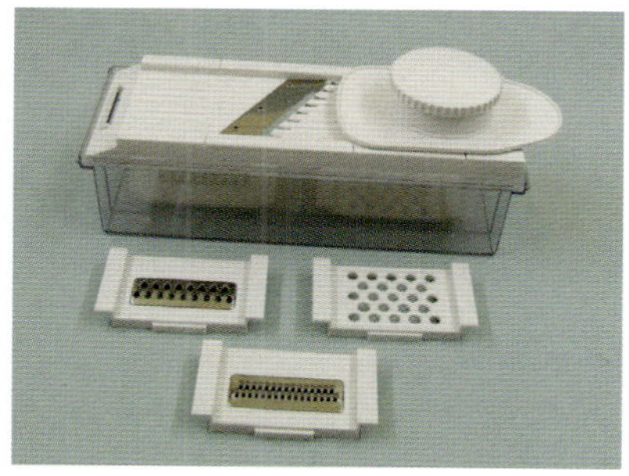
Handreibe mit verschiedenen Einsätzen

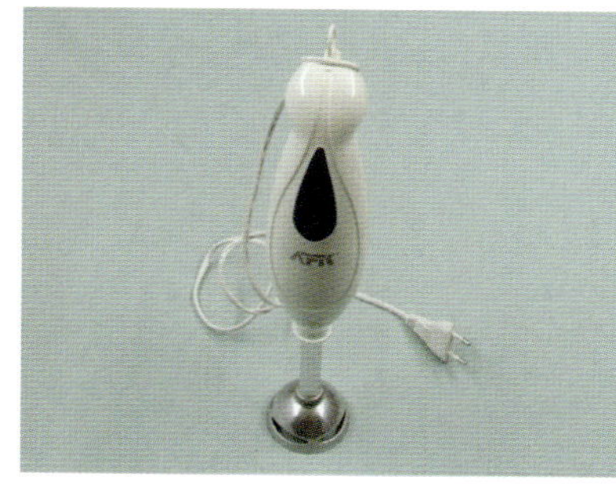
Pürierstab

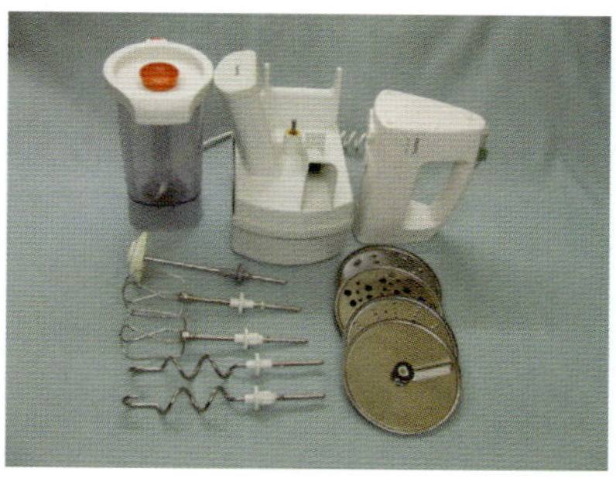
Handrührgerät mit Zubehör

Rühr- und Schneidegerät

Kaffeemaschine

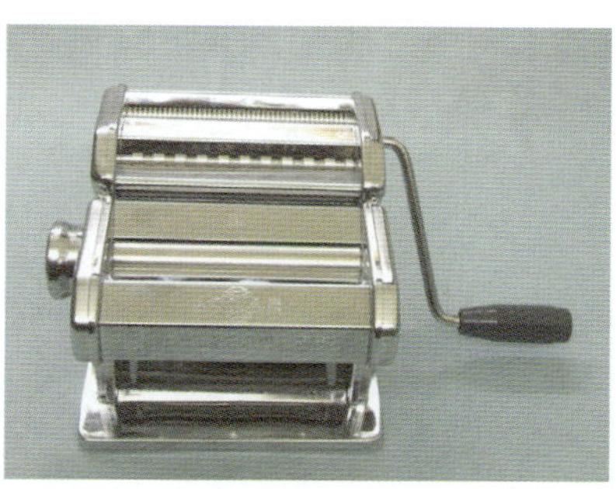
Nudelmaschine

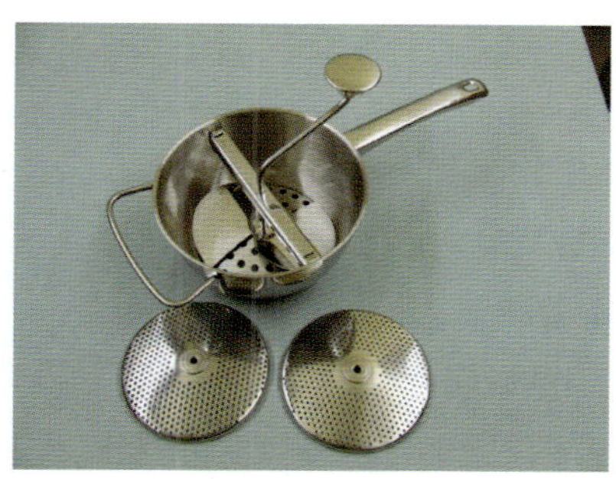
Passiermühle

Toaster

Fritteuse

Elektrischer Wasserkocher

Teekanne

## Wiegen und Messen

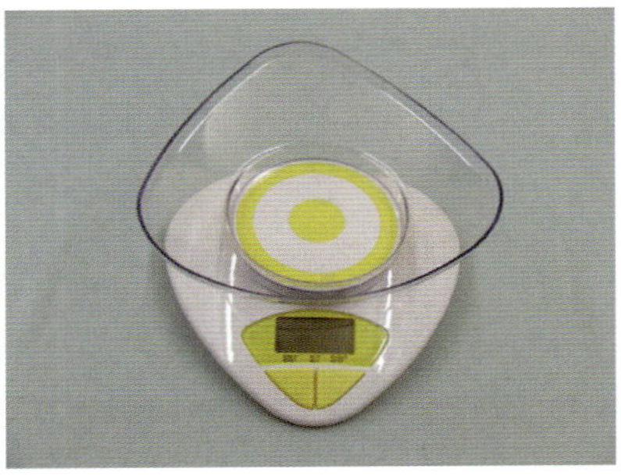
Elektrische Küchenwaage

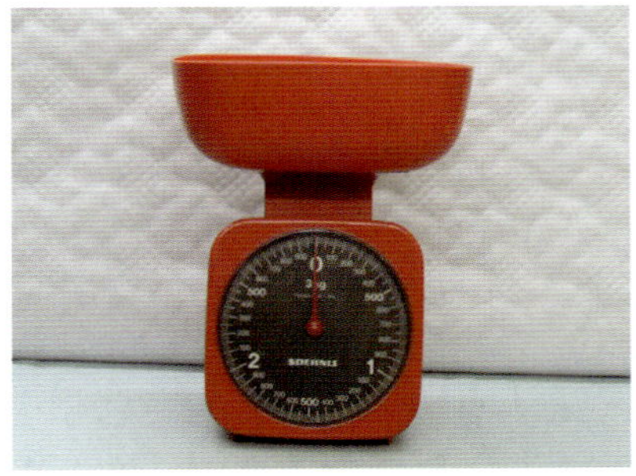
Mechanische Küchenwaage

Zum Messen von Flüssigkeiten verwendet man den Messbecher oder das Litermaß.

Messbecher

Litermaß

Falls weder Waage noch Messbecher zur Verfügung stehen, kann die benötigte Menge mit einer Tasse, einem Glas oder einem Löffel abgemessen werden.

1 Glas ergibt ca. 1/4 Liter Flüssigkeit

1 Kaffeebecher ergibt ca. 225 g Zucker

1 Esslöffel ergibt ca. 6 g

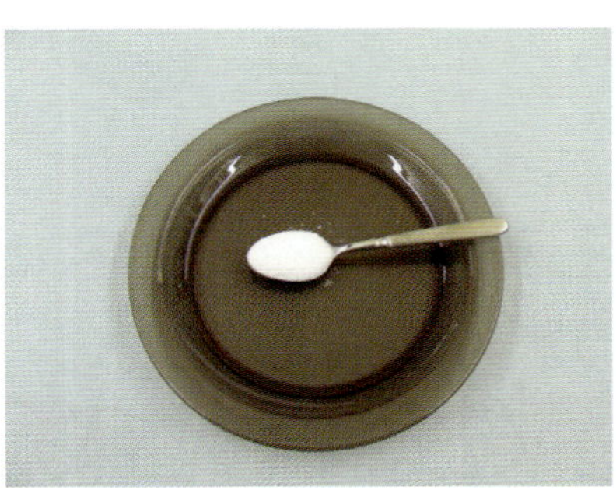
1 gehäufter Teelöffel

1/2 Teelöffel

1/4 Teelöffel

## Reinigungsmittel

Geschirrtücher

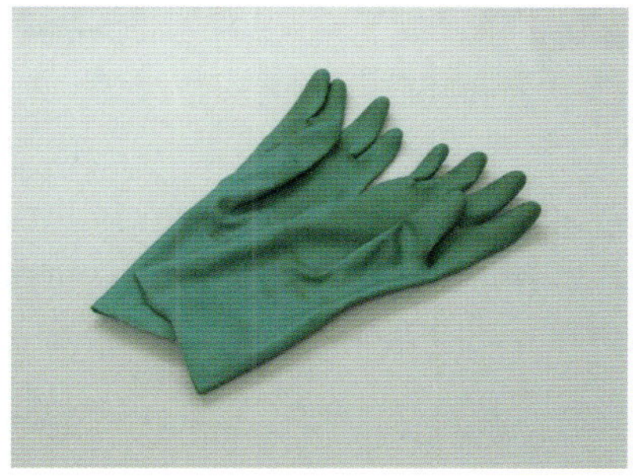

Gummihandschuhe

Scheuerschwamm

Spülbürste

Spültuch

Spülmittel

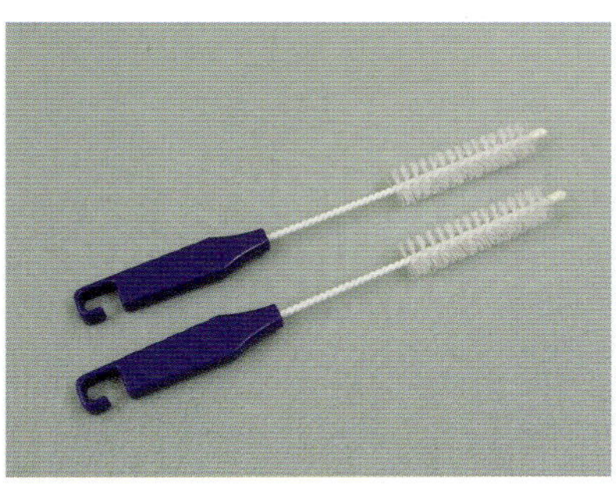

Bürsten für dünnhalsige Flaschen

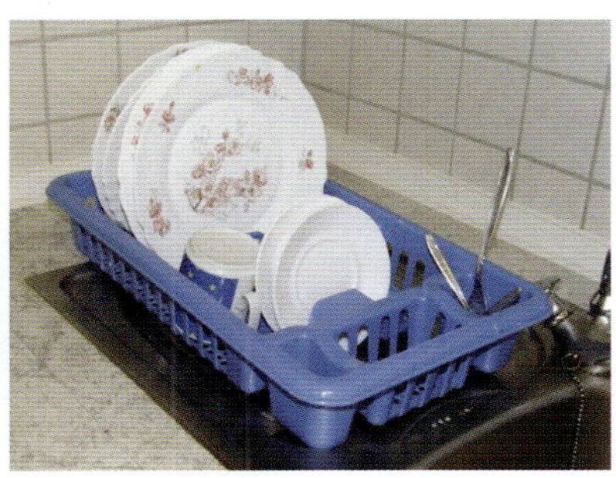

Abtropfkorb

Besteckkorb

# Sicherheit in der Küche

## Sicherheit am Herd

Die meisten Unfälle passieren bei der Hausarbeit, vor allem in der Küche. Da man sich schnell verbrennen oder verbrühen kann, sollten bestimmte Regeln beim Kochen beachtet werden. Die häufigsten Gefahrenquellen sind hier dargestellt.

**Falsch:** Beim Kochen lässt man keinen Löffel im Topf: **Verbrennungsgefahr**.

**Richtig:** Der Löffel wird auf einem Teller neben dem Herd abgelegt.

**Falsch:** Heißes Kochgeschirr nie mit bloßen Händen vom Herd nehmen.

**Richtig:** Heißes Kochgeschirr immer mit Topfhandschuhen vom Herd nehmen.

**Falsch:** Heißes Kochgeschirr nicht einfach auf den Tisch stellen.

**Richtig:** Heißes Kochgeschirr immer auf einen Untersetzer (feuerfeste Unterlage) stellen.

**Falsch:** Pfanne niemals mit dem Griff nach außen auf den Herd stellen, da man sie leicht herunterreißen kann.

**Richtig:** Pfannengriff immer nach links oder rechts drehen, damit die Pfanne sicher auf dem Herd steht.

**Falsch:** Öl oder Butter in einer unbedeckten Pfanne kann beim Braten spritzen und Verbrennungen an Händen und Gesicht verursachen.

**Richtig:** Beim Braten immer einen Spritzschutz auf die Pfanne legen.

**Falsch:** Gemüse oder Zutaten nicht mit der Hand in das heiße Öl oder Fett geben: Spritz- und Verbrennungsgefahr!

**Richtig:** Gemüse oder andere Zutaten immer mit einem langen Löffel oder einer Kelle in das heiße Öl oder Fett geben.

**Falsch:** Keine Plastikdosen oder Holzbretter auf dem Herd abstellen, da sie auf der heißen Platte schmelzen oder brennen können.

**Richtig:** Die Kochplatten müssen immer frei sein. Es darf kein brennbares Material auf den Kochplatten abgestellt werden.

**Falsch:** Küchenhelfer nicht einfach auf die Arbeitsplatte legen.

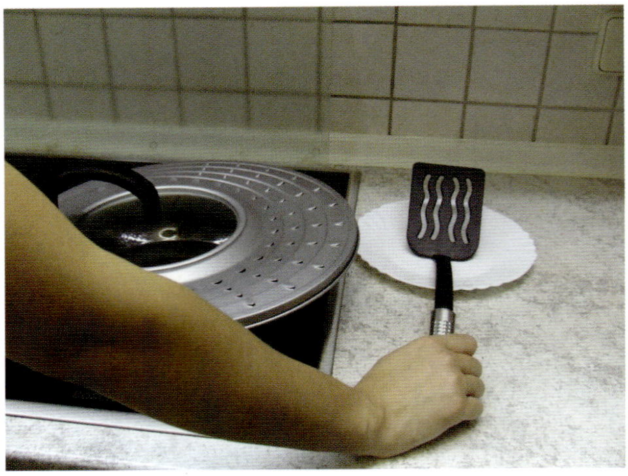

**Richtig:** Küchenhelfer werden mit etwas Abstand zum Herd auf einen Teller gelegt.

**Falsch:** Nach dem Kochen oder Verlassen der Küche wird der Herd nicht ausgeschaltet.

**Richtig:** Bevor das Kochgeschirr von der Kochplatte entfernt wird, sollte der Herd ausgeschaltet werden.

## Sicherheit bei der Vorbereitung der Zutaten

**Falsch:** Messer oder Scheren niemals mit der Schneide zum Partner gerichtet überreichen.

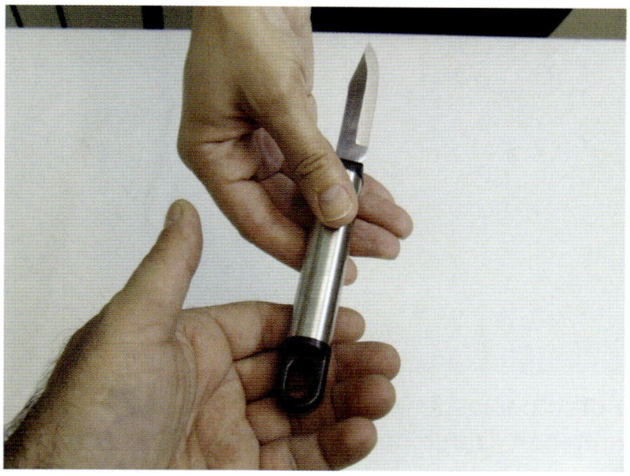

**Richtig:** Messer oder Scheren reicht man immer mit dem Griff weiter.

**Falsch:** Obst oder Gemüse nie in der Hand zerteilen. Man kann sich schwere Schnittverletzungen zufügen.

**Richtig:** Harte Zutaten immer auf einem Holz- oder Kunststoffbrett schneiden.

**Falsch:** Die Schere liegt offen auf dem Tisch.

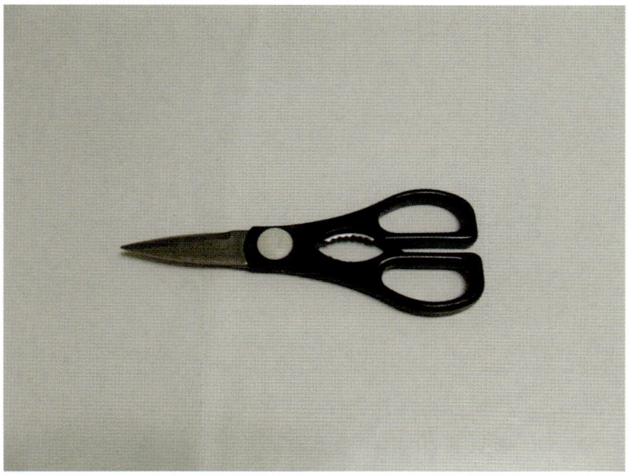

**Richtig:** Schere immer geschlossen auf den Tisch legen.

**Falsch:** Glasdeckel niemals mit einem Messer anheben. Durch das abrutschende Messer besteht Verletzungsgefahr.

**Richtig:** Zum Öffnen des Glasdeckels einen Deckelheber benutzen oder einen Erwachsenen um Hilfe bitten.

**Falsch:** Ölflaschen nicht einfach auf der Arbeitsplatte abstellen: Rutschgefahr!

**Richtig:** Ölflaschen werden auf einem Teller abgestellt.

**Falsch:** Essensreste nicht in den Ausguss spülen: Verstopfungsgefahr!

**Richtig:** Siebeinsatz für das Spülbecken und ein Sieb zum Abgießen verwenden.

## Sicherheit beim Umgang mit Küchengeräten

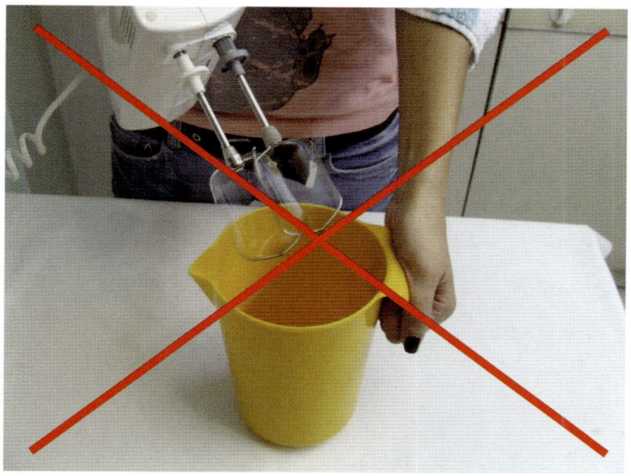

**Falsch:** Das Handrührgerät nicht im eingeschalteten Zustand in den Rührbecher stecken: Spritzgefahr!

**Richtig:** Zuerst steckt man die Rührbesen in den Rührbecher und schaltet das Handrührgerät auf kleinster Stufe ein. Dann erhöht man die Geschwindigkeit.

**Falsch:** Während das Rühr- und Schneidegerät arbeitet, niemals einen Löffel zum Nachschieben der Zutaten reinstecken.

**Richtig:** Zum Nachschieben der Zutaten in das Gerät immer die dazugehörigen Teile verwenden.

**Falsch:** Pürierstab nicht ohne Spritzschutz verwenden.

**Richtig:** Beim Pürieren den Spritzschutz auf den Rührbecher legen.

## Sicherheit bei der Reinigung von Werkzeugen

**Falsch:** Schneidemesser von Küchenmaschinen dürfen nicht mit einem Schwamm abgewaschen werden: Verletzungsgefahr!

**Richtig:** Schneidemesser immer mit einer Bürste reinigen.

**Falsch:** Messer nicht mit einem Schwamm abwaschen. Die Schneide des Messers kann den Schwamm halbieren und zu Verletzungen führen.

**Richtig:** Alle scharfen Haushaltsgeräte werden mit einer Bürste abgewaschen So lassen sich Verletzungen vermeiden.

# Tipps rund um die Küche

## Zutaten aufbewahren

Gemüse und andere frische Zutaten, die in Plastikfolien gekauft wurden, sollten vor der Aufbewahrung im Kühlschrank aus der Folie genommen werden. Ansonsten werden die Zutaten nach kurzer Zeit schlecht. Frische Zutaten sollten nicht zu lange im Kühlschrank aufbewahrt werden.

Gurken, Karotten oder Salate sind manchmal in Plastikfolien verpackt.

Viele trockene Zutaten werden in Plastiktüten angeboten. Oft braucht man beim Kochen oder Backen nur einen Teil der gesamten Menge. Dazu schneidet man am besten eine Ecke von der Plastiktüte ab, entnimmt die gewünschte Menge und verschließt die Tüte mit einer Klammer.

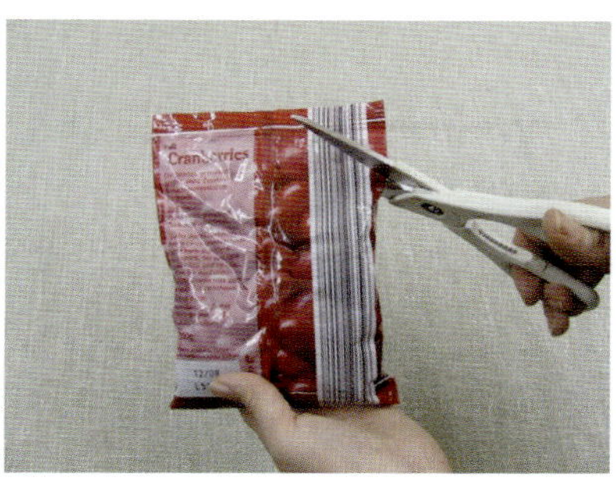

1 Eine Ecke der Plastiktüte abschneiden.

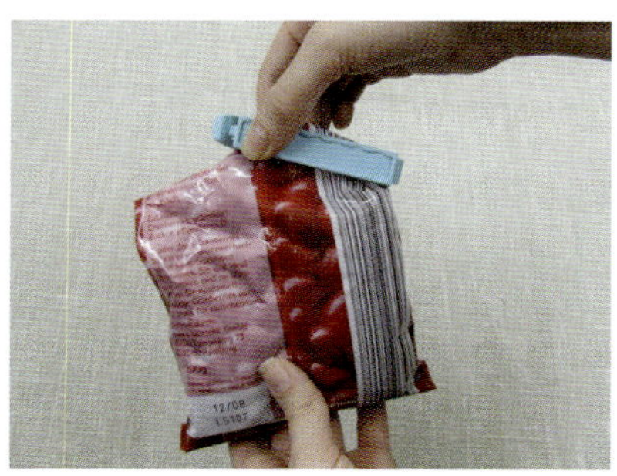

2 Die offene Ecke mit einer Klammer schließen. So bleiben die Zutaten trocken und länger haltbar.

3 Eine beschädigte Verpackung kann in einen Plastikbeutel umgefüllt und mit einer Klammer verschlossen werden.

## Packungen, Gläser und Dosen öffnen

Flüssigkeiten, die in einer Packung oder einem Becher gekauft werden (z. B. Sahne), werden vor dem Öffnen geschüttelt. Die Packungen stellt man auf eine feste Unterlage und schneidet sie danach mit der Schere auf. Wird der gesamte Inhalt benötigt, schneidet man mit der Schere die ganze Lasche, sonst nur eine Ecke ab.

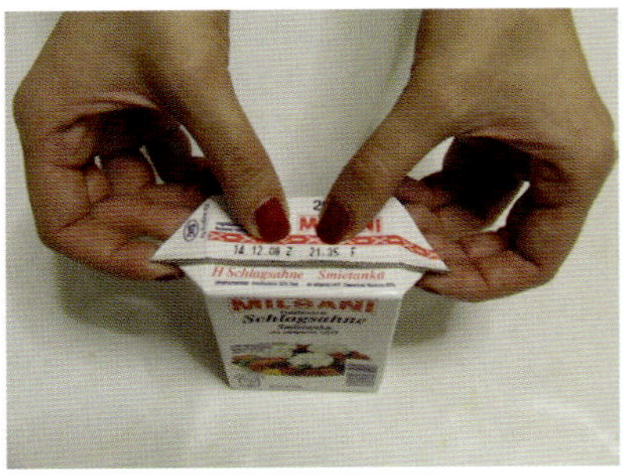


1 Öffnen von Flüssigkeitsverpackungen: Seitliche Laschen hochziehen.

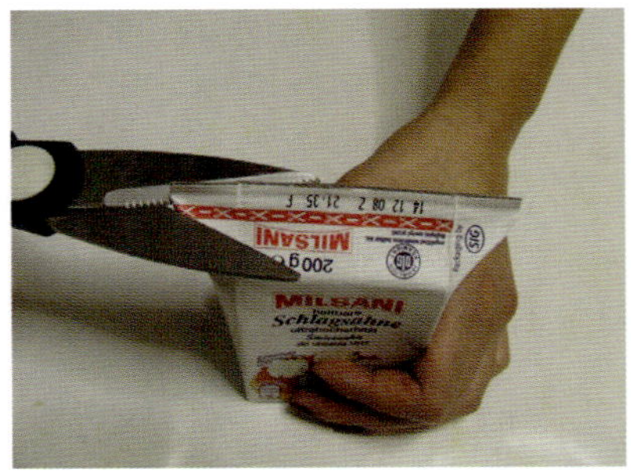


2 Lasche mit der Schere abschneiden oder …

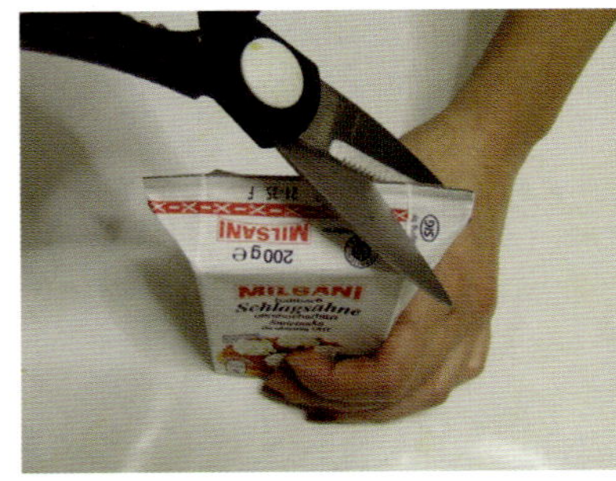


3 … eine Ecke der Lasche abschneiden.

1 Öffnen von Bechern oder Packungen, die mit Aludeckeln verschlossen sind:

2 Lasche hochziehen.

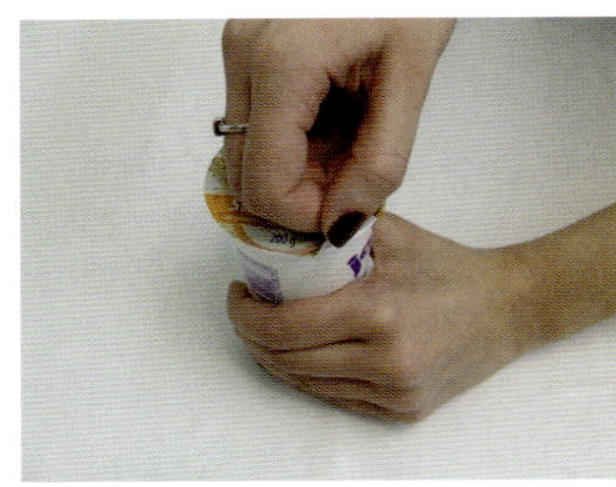

3 Deckel abziehen.

**Öffnen von festsitzenden Deckeln**

Festsitzende Deckel von Gläsern niemals mit der Messerspitze anheben. Wenn das Messer abrutscht, sind ernsthafte Verletzungen die Folge. Es gibt zwei Öffner, mit denen sich Glasdeckel leicht öffnen lassen.

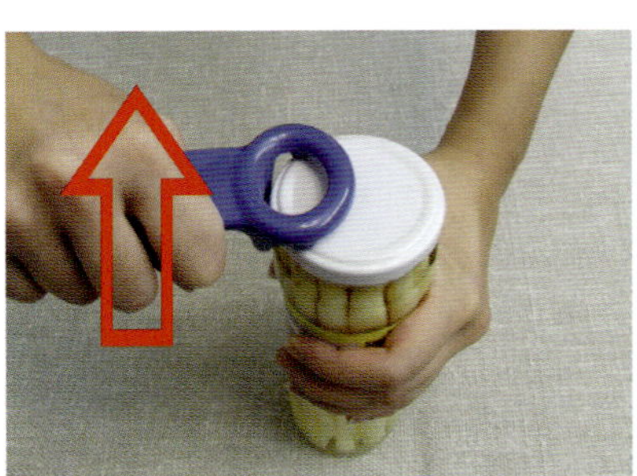

1 Deckel mithilfe eines Deckelhebers seitlich etwas hochheben. Dabei entweicht der Druck aus dem Glas.

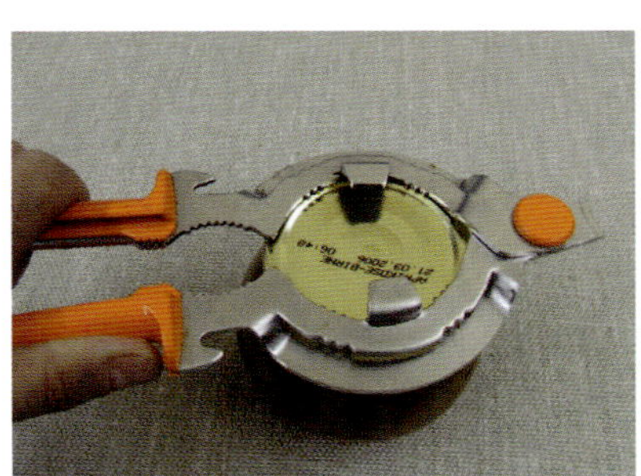

2 Weniger Kraft benötigt man, wenn der Deckel mit einem Deckeldreher nach links gedreht wird.

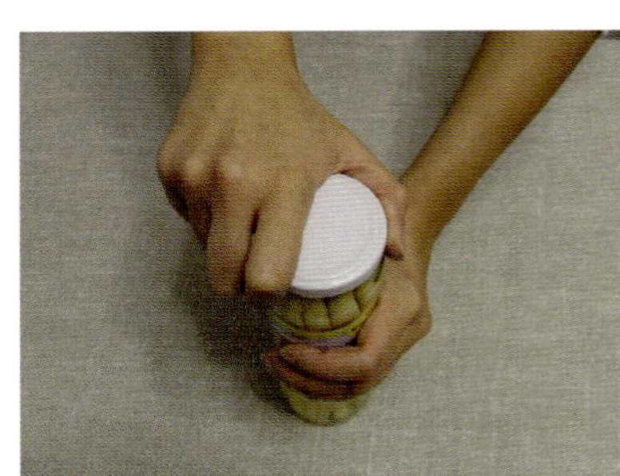

3 Jetzt kann der Deckel leicht nach links gedreht und entfernt werden.

**Dosen öffnen**

Der aufgeschnittene Deckel wird mithilfe einer Gabel entfernt. Da die Kanten sehr scharf sind, muss man sehr vorsichtig arbeiten.

1 Dosenöffner an der Kante des Dosendeckels ansetzen und die beiden Griffe zusammendrücken.

2 Den großen Drehknopf nach vorne drehen, damit die Schneiderolle den Deckel abtrennt.

3 Den ausgeschnittenen Deckel mit einer Gabel anheben.

## Gewürze mischen

Wenn mehrere Gewürze für ein Rezept verwendet werden, ist es ratsam, sie zuerst in einer kleinen Schale oder auf einem Teller zu vermischen. So kann man die Gewürze beim Kochen besser verteilen.

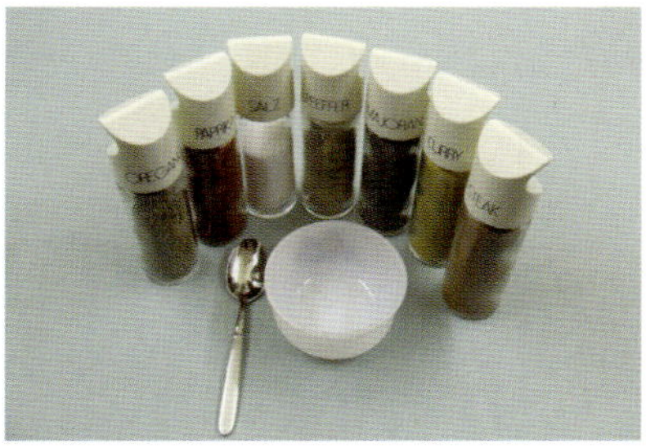

1 Die für ein Rezept benötigten Gewürze auf die Arbeitsplatte stellen, …

2 … dann die jeweilige Menge in die Schale geben …

3 … und gut vermengen.

## Öl richtig erhitzen

Öl zum Braten erhitzen: Dazu muss das Öl muss so heiß sein, dass das Bratgut (z. B. Fleisch, Kartoffeln, Zwiebeln) sofort anfängt zu braten, sobald es sich im Öl befindet. Dadurch schließen sich die Poren, außen wird es knusprig und innen bleibt es saftig. Außerdem saugt sich das Bratgut nicht mit Fett voll und klebt auch nicht zusammen.

1 Öl in eine Pfanne geben und erhitzen. Dann zum Beispiel eine Kartoffel in das Öl geben und warten, …

2 … bis es anfängt zu brodeln.

3 Dann die Zutaten in das heiße Öl oder die heiße Butter geben und braten.

## Das Überkochen von Flüssigkeiten verhindern

1 Wenn das Wasser im Topf anfängt überzukochen, …

2 … den Topfdeckel zur Seite schieben und auf dem Topf lassen, …

3 … dann Kochtemperatur etwas reduzieren.

## Energie beim Kochen sparen

Kochplatte rechtzeitig ausschalten, um den Rest der Hitze auszunutzen.

1 2 bis 3 Minuten vor dem Ende der Garzeit Herdplatte ausschalten.

2 Nach dem Ende der im Rezept angegebenen Garzeit Topf oder Pfanne vom Herd nehmen …

3 … und auf eine feuerfeste Unterlage, zum Beispiel Holzbrett oder Untersetzer, stellen. Dann den Deckel vorsichtig entfernen.

1 Die Kochflamme ist für den kleinen Topf zu groß, sodass dabei viel Wärme verloren geht.

2 Der Topf sollte auf eine Kochplatte mit der richtigen Größe gestellt …

3 … und beim Erhitzen mit einem Deckel geschlossen werden.

## Zutaten richtig schneiden

Beim Zerkleinern von Zutaten mit einem scharfen Messer ist auf die Finger zu achten. Die Zutaten fest auf die Unterlage drücken, damit das Messer beim Schneiden nicht abrutscht und es zu Verletzungen kommt.

1 Die Zutaten mit leicht gekrümmten Fingern gut festhalten …

2 … oder die Zutaten so weit wie möglich von der Messerschneide entfernt festhalten.

3 Heiße (natürlich auch kalte) Zutaten können mit einer Gabel festgehalten werden.

# Haltbarkeit von Lebensmitteln

## Mindesthaltbarkeitsdatum/Verbrauchsdatum

**Mindesthaltbarkeitsdatum**
Das Mindesthaltbarkeitsdatum (MHD) muss auf jeder Flasche oder Verpackung gut zu lesen sein. Es gibt an, wie lange das Produkt bis zum endgültigen Verbrauch noch gelagert werden kann. Ist das MHD abgelaufen, kann das Produkt in der Regel noch verzehrt werden. Die einwandfreie Qualität sollte aber geprüft und das Produkt nicht länger gelagert werden.

**Verbrauchsdatum**
Das MDH darf nicht mit dem Verbrauchsdatum verwechselt werden. Diese Kennzeichnung „zu verbrauchen bis….." ist ein Verfallsdatum. Nach Erreichen des Verfallsdatums darf die Ware nicht mehr verkauft werden. Bei Waren mit einem Verbrauchsdatum handelt es sich um leicht verderbliche Produkte, wie zum Beispiel Hackfleisch, Frischfleisch und Fisch.
Viele abgepackte und eingeschweißte Nahrungsmittel mit einem MHD müssen kühl gelagert werden, damit sie nicht verderben und die Haltbarkeit sichergestellt ist.

Das Mindesthaltbarkeitsdatum (MHD) kann an verschiedenen Stellen der Verpackung stehen:

Auf vielen Produkten wird auch das Herstellungsdatum vermerkt.

Bei einigen Produkten, wie zum Beispiel Flaschen, wird das Haltbarkeitsdatum auf den Flaschenverschluss gedruckt.

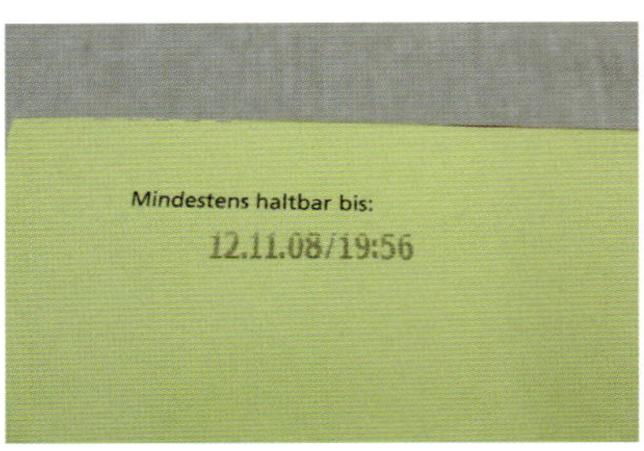


Haltbarkeitsdatum auf Kartons

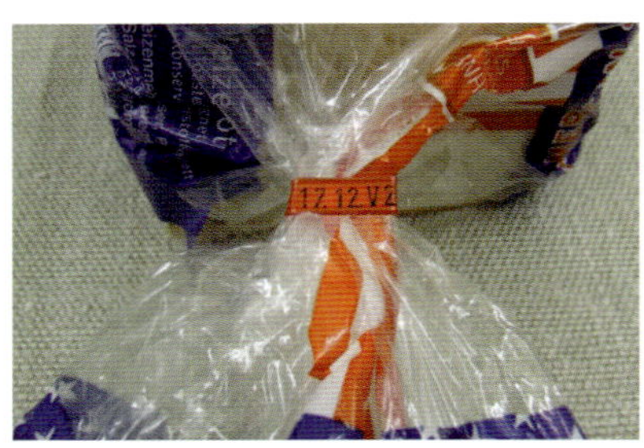

Bei abgepackten Broten steht das Haltbarkeitsdatum auf dem Verschlussclip.

Auf Eierkartons sind neben Mindesthaltbarkeitsdatum meist auch Herstellungsland, Betriebsnummer und Gewichtsklasse vermerkt.

**Falsch:** Verschimmelte Lebensmittel dürfen nicht mehr gegessen werden.

**Richtig:** Lebensmittel sollen vor dem Verbrauch in einem einwandfreien Zustand sein.

# Wissenswertes rund um das Ei

## Kennzeichnung auf Eiern

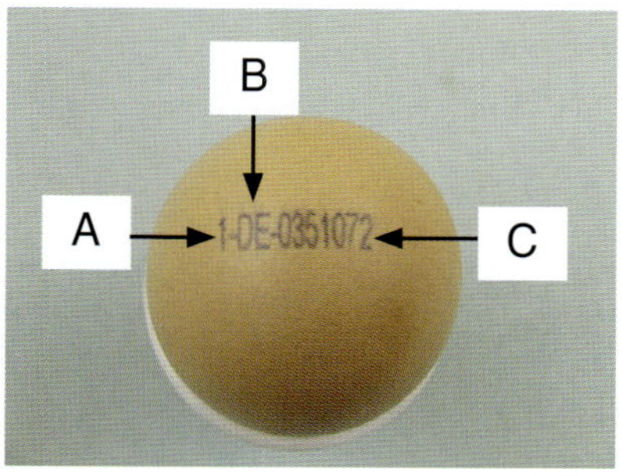


A) Haltungsform:
0 = ökologische Erzeugung
1 = Freilandhaltung
2 = Bodenhaltung
3 = Käfighaltung

B) Herkunftsland
(z. B. DE für Deutschland)

C) Betriebsnummer

## Frischetest für Eier

**Einfacher Frischetest für Eier bei geschlossener Schale:**
Wenn man nicht mehr weiß, wie lange Eier schon im Kühlschrank liegen, kann man mithilfe eines einfachen Tests die Frische der Eier prüfen: Eine kleine Schüssel oder ein großes Glas mit Wasser füllen, dann das Ei hineingeben.

1 Ein frisches Ei sinkt zu Boden und bleibt dort liegen.

2 Ein 2 bis 3 Wochen altes Ei richtet sich im Wasser auf.

3 Ein Ei, das älter als 25 Tage ist, schwimmt an der Oberfläche und soll nicht mehr verzehrt werden.

**Der Frischetest für Eier (Schale öffnen):**

1 Das Ei am Rand einer Tasse (oder Glas) aufschlagen.

2 Die Eierschale aufbrechen und das Ei vorsichtig in die Tasse geben.

3 Das Ei ist frisch, wenn es kegelförmig bleibt und einen neutralen Geruch hat. Ein verdorbenes Ei zerfließt und verströmt einen üblen Faulgeruch.

## Eier trennen (2 Methoden)

Eier, Menge nach Rezept. Bevor das Ei verwendet wird, sollte das Haltbarkeitsdatum überprüft werden.

**Methode 1:**

1 Ein kleines Sieb auf eine Schüssel geben.

2 Das Ei an der Kante einer Schüssel aufschlagen.

3 Die Schale vorsichtig aufbrechen und das Ei in das Sieb laufen lassen.

4 Das Eiweiß langsam in die Schüssel laufen lassen. Das Eigelb wird mit einem Messer zurückgehalten.

5 Das Eigelb in eine saubere Schüssel geben.

6 Das Eiweiß und das Eigelb befinden sich nun in getrennten Schüsseln.

**Methode 2:**

1 Das Ei an der Kante einer Schüssel oder Tasse aufschlagen.

2 Die Eierschale vorsichtig aufbrechen.

3 Das Eiweiß langsam in die Schüssel laufen lassen.

4 Das Eigelb in die zweite Hälfte der Eierschale geben, damit das restliche Eiweiß auslaufen kann.

5 Das Eigelb in eine saubere Schüssel geben.

6 Das Eiweiß und das Eigelb befinden sich nun in getrennten Schüsseln.

## Verwendung eines Eierstechers

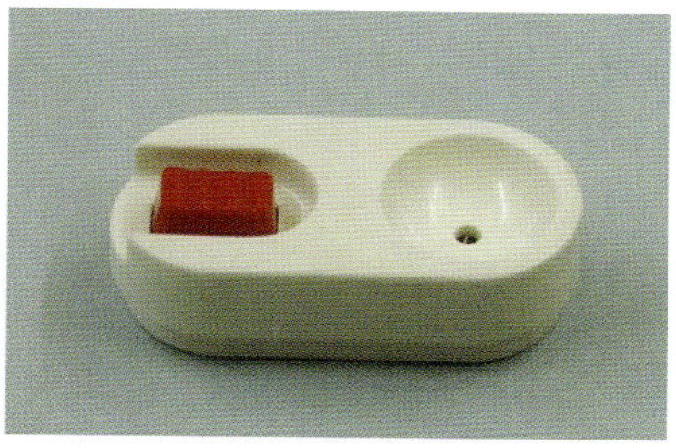

Eierstecher

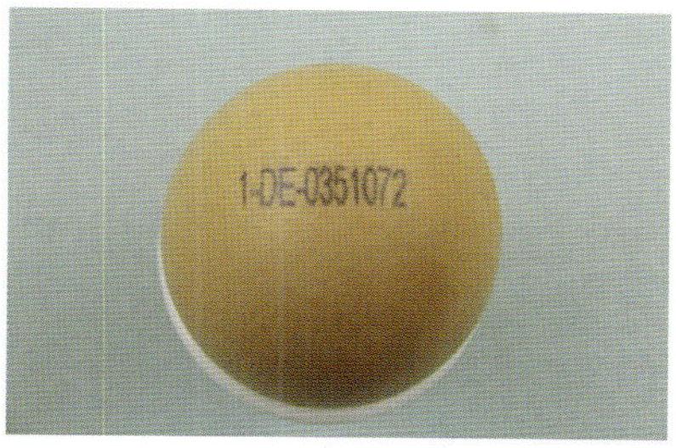


Das Ei mit dem stumpfen Ende (Luftkammer) nach oben in einen Eierbecher stellen.

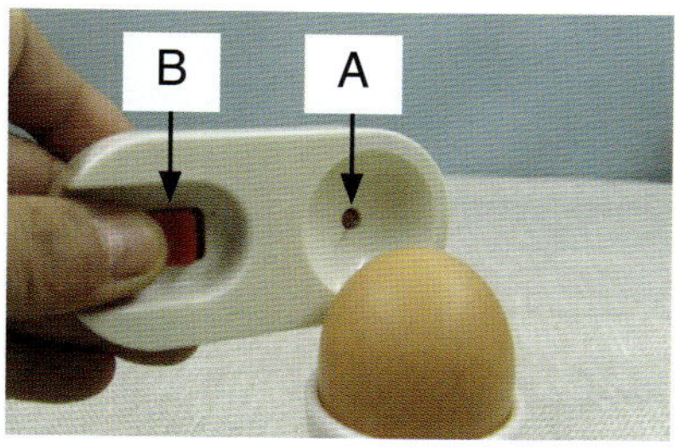


Den Eierstecher mit der Nadelmulde (A) auf das Ei legen und den Knopf (B) drücken.

## Das Platzen der Eier verhindern

**Eier kochen, ohne dass sie platzen:**
Eier sollten einige Zeit vor dem Verbrauch aus dem Kühlschrank genommen werden. Sie haben dann Raumtemperatur und platzen nicht so leicht.
Das Ei langsam mit einem Löffel in das kochende Wasser geben.

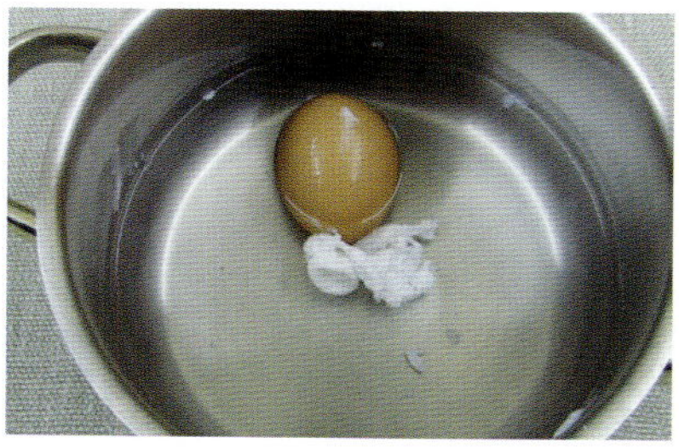

Weitere Möglichkeiten, um das Platzen der Eier beim Kochen zu verhindern:

- Das Ei aus dem Kühlschrank in einen Topf mit kaltem Wasser legen. Das Wasser langsam zum Kochen bringen, so erwärmt sich auch das Ei nur langsam.
- Das Ei am unteren Ende (hier befindet sich die Luftkammer) mit einem Eierstecher oder einer Nadel anstechen.
- Einen Esslöffel Essig in das Kochwasser geben.
- Etwas Salz in das Kochwasser geben.

## Eier kochen

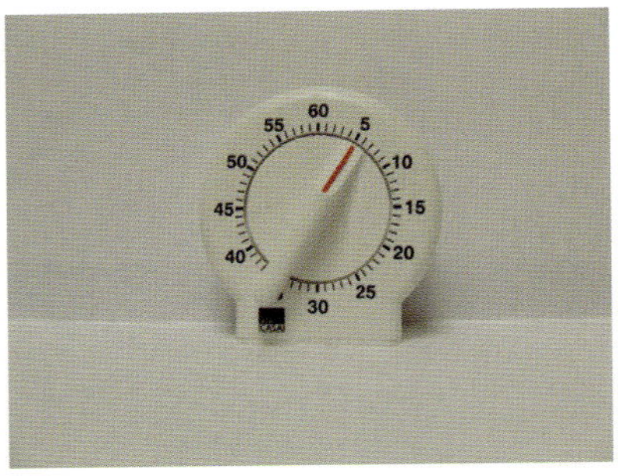

1 Ca. 1 Liter Wasser in einen Topf geben. Die Herdplatte auf mittlere Stufe stellen und das Wasser zum Kochen bringen. Dann die Eier mit einem Löffel vorsichtig in den Topf geben.

2 Die Kochzeit für weiche Eier beträgt 5 bis 8 Minuten, für harte Eier 8 bis 13 Minuten.

3 Nach der gewünschten Garzeit die Herdplatte ausschalten.

4 Die Eier mit einem Löffel aus dem Topf nehmen …

5 … und unter fließendem Wasser (kalt) abschrecken.

6 Die Eier können auch im Topf mit kaltem Wasser abgeschreckt werden.

7 Das Ei in einen Eierbecher geben und mit einem Metalllöffel die Eierschale am oberen Ende aufklopfen.

8 Den oberen Teil der Eierschale entfernen.

9 Das Ei wird zum Verzehr mit einem Plastiklöffel serviert.

# Eier braten

## Spiegeleier zubereiten

1 Etwas Butter in eine Pfanne geben.

2 Herdplatte auf mittlere Stufe stellen.

3 Sobald die Butter geschmolzen ist, …

4 … wird das Ei langsam in die Pfanne gegeben.

5 Das Ei mit etwas Salz und …

6 … Pfeffer bestreuen.

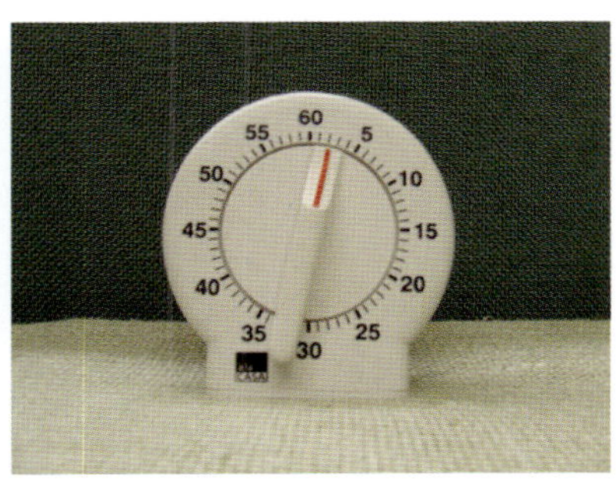


7 Das Ei ca. 2 Minuten braten, …

8 … dann mit einem Pfannenwender umdrehen und die zweite Seite ca. 2 Minuten braten.

9 Eine Scheibe Toastbrot oder Weißbrot toasten …

10 … und auf einen kleinen Teller geben.

11 Die Herdplatte ausschalten.

12 Das gebratene Ei mit dem Pfannenwender aus der Pfanne nehmen …

13 … und auf das getoastete Brot legen.

14 Das Spiegelei kann serviert werden.

# Zutaten vorbereiten

## Blumenkohl und Brokkoli vorbereiten

Menge nach Rezept

Blumenkohl

Brokkoli

**So wird es gemacht:**

### Blumenkohl

1 Die grünen Blätter mit einem Messer abtrennen und entfernen.

2 Den Strunk abschneiden und entfernen.

3 Die Blumenkohlröschen nacheinander abschneiden.

4 Die abgetrennten Röschen in ein Sieb geben und …

5 … gründlich waschen, …

6 … abtropfen lassen. Die weitere Zubereitung richtet sich nach dem Rezept.

### Brokkoli

1 Vom Brokkolistrunk müssen nur die kleinen Blätter entfernt, …

2 … dann die Röschen abgeschnitten werden.

3 Nach dem Waschen und Abtropfen werden die Röschen je nach Rezept weiterverarbeitet.

7 Speiseöl einfüllen, …

8 … bis die Knoblauchzehen komplett mit Öl bedeckt sind.

9 Das Glas verschließen und kühl lagern.

**Knoblauch einfrieren**

1 Die geschälten Knoblauchzehen in einen Gefrierbeutel geben und diesen mit Inhalt und Datum versehen.

2 Den Gefrierbeutel mit einer Klammer verschließen und in das Gefrierfach oder den Gefrierschrank legen.

3 Die Koblauchzehen können auch in einer Plastikdose eingefroren werden.

## Knoblauchpaste vorbereiten

Knoblauchpaste kann auf zwei Arten hergestellt werden:
A) Mit der Knoblauchpresse
B) Mit Mörser und Stößel
In beiden Fällen werden die Knoblauchzehen zunächst wie auf Seite 47 beschrieben vorbereitet.

### A) Verwendung der Knoblauchpresse

1 Geschälte Knoblauchzehe in Stücke schneiden …

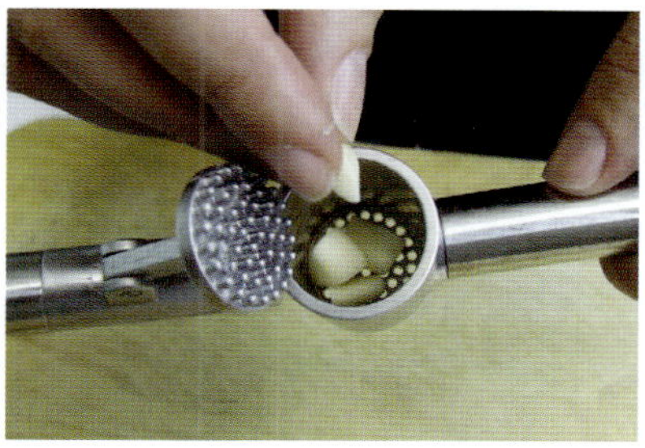

2 … und in die Presse füllen.

3 Beide Griffe fest zusammendrücken, dabei wird der Knoblauch durch die Löcher gedrückt.

4 Den Knoblauch mit einem Messer abstreifen.

5 Im Inneren der Presse bleibt der Abfall zurück.

### B) Verwendung von Mörser und Stößel

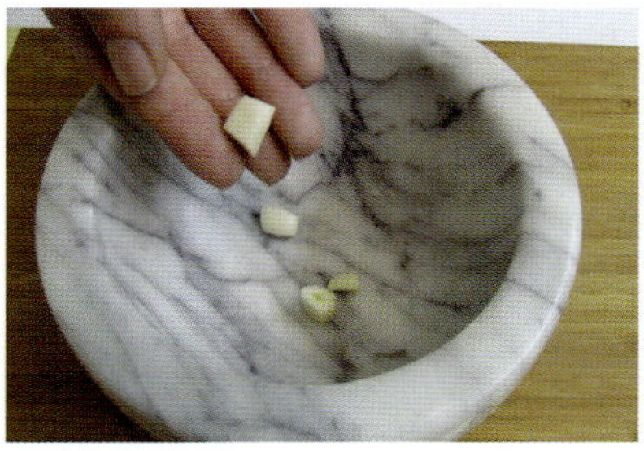

1 Geschälte und in Stücke geschnittene Knoblauchzehe in den Mörser geben, …

2 … etwas Salz hinzufügen …

3 … und mit dem Stößel fein zermahlen und nach Rezept weiterverarbeiten.

# Lauch vorbereiten

Menge nach Rezept

Lauch (Porree)

Lauchzwiebeln

**So wird es gemacht:**

1 Den Wurzelansatz abschneiden.

2 Die grünen Blätter abschneiden.

3 Welke Außenblätter abziehen.

4 Die Lauchstangen je nach Rezept in Scheiben schneiden …

5 … oder der Länge nach halbieren ...

6 … und in halbe Ringe schneiden.

7 Den zerkleinerten Lauch in ein Sieb geben …

8 … und unter fließendem Wasser waschen.

9 Das restliche Wasser abtropfen lassen und den Lauch weiterverarbeiten.

# Petersilie hacken

(gilt auch für andere Gewürz- oder Gemüseblätter, z. B. Koriander, Pfefferminze oder Spinat)

glatte Petersilie

krause Petersilie

**Petersilie mit einem Messer oder Wiegemesser zerkleinern**

**So wird es gemacht:**

1 Welke und gelbe Stiele und Blätter entfernen.

2 Petersilienblätter von den Stielen abzupfen und in ein Sieb geben.

3 Blätter unter fließendem Wasser waschen …

4 … und abtropfen lassen.

5 Jetzt werden die Blätter mit einem Messer geschnitten …

6 … oder mit einem Wiegemesser gehackt.

7 Die gehackten Petersilienblätter in eine Schale geben …

8 … und je nach Rezept weiterverarbeiten.

**Petersilie mit einem elektrischen Zerkleinerer hacken**

Vor der Inbetriebnahme des Gerätes bitte die Anleitung genau lesen. Da die Schneidemesser sehr scharf sind, müssen folgende Punkte beachtet werden:

- Niemals in das laufende Gerät greifen.
- Zum Nachschieben der Zutaten das zum Gerät gehörende Hilfsmittel benutzen (keinen Metall- oder Holzlöffel).
- Vor dem Ausleeren und Reinigen das Gerät immer ausschalten und den Gerätestecker aus der Steckdose ziehen.

**So wird es gemacht:**

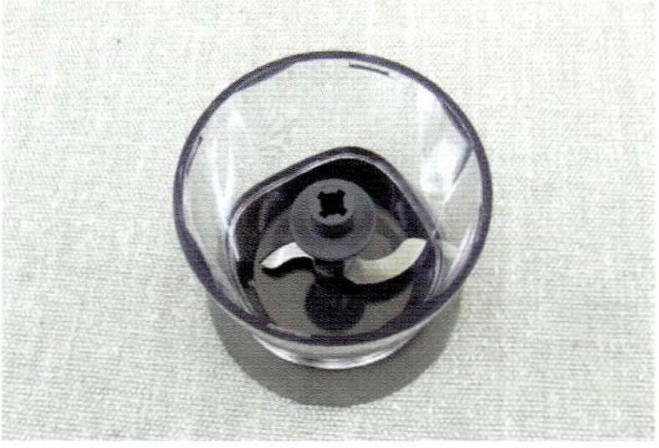

1 Der elektrische Zerkleinerer besitzt sehr scharfe Messer, deshalb müssen die Petersilienblätter sehr vorsichtig eingefüllt werden.

2 Den Gerätedeckel aufsetzen und das Gerät ein paar Sekunden einschalten, …

3 … dabei dreht sich das Messer sehr schnell und zerkleinert die Blätter.

4 Ausschalten und warten bis das Messer stillsteht, dann erst den Deckel abnehmen.

5 Die Blätter sind jetzt fein gehackt.

6 Das Schneidemesser vorsichtig aus dem Gerät entfernen.

7 Die gehackten Petersilienblätter in eine Schüssel oder Schale geben und weiterverarbeiten.

## Blattsalat vorbereiten

Menge nach Rezept

Eisbergsalat

Romasalat

**So wird es gemacht:**

1 Strunk abschneiden.

2 Salatkopf halbieren.

3 Die Blätter mit braunen Stellen entfernen, …

4 … der Länge nach halbieren, …

5 ... dann in Streifen schneiden.

6 Die zerkleinerten Salatblätter in ein Sieb geben.

Es gibt zwei Methoden, die zerkleinerten Salatblätter zu waschen:

**Erste Methode:**

unter fließendem Wasser

1 Salatblätter unter fließendem Wasser gründlich waschen.

2 Das restliche Wasser abtropfen lassen.

**Zweite Methode:**

Salatblätter in einer Salatschleuder trocknen.

1 Die gewaschenen Salatblätter in den Siebeinsatz einer Salatschleuder geben.

2 Die Schleuder mit dem Deckel verschließen, …

3 … mit einer Hand den Deckel festhalten, mit der anderen Hand einige Male schnell kurbeln.

4 Das Tropfwasser sammelt sich unter dem Sieb in der Schüssel.

# Zitrone oder Limette auspressen

Auf diese Weise können auch andere Zitrusfrüchte (Orangen, Grapefruits) ausgepresst werden.

Zitrone

Limette

**So wird es gemacht:**

1 Die Limetten- oder Zitronenfrucht quer halbieren.

2 Die Fruchthälften nacheinander auspressen.

3 Den Limetten- oder Zitronensaft in eine kleine Schale geben und weiterverarbeiten.

## Tomaten enthäuten

Menge nach Rezept

Tomate

**So wird es gemacht:**

1 Die Tomaten kreuzweise einschneiden …

2 … und in einen Topf legen.

3 Mit kochendem Wasser übergießen, …

4 … bis sie komplett damit bedeckt sind.

5 Etwa 5 Minuten stehen lassen.

6 Tomaten mit einer Schaumkelle aus dem Wasser nehmen …

7 … und auf einen Teller legen.

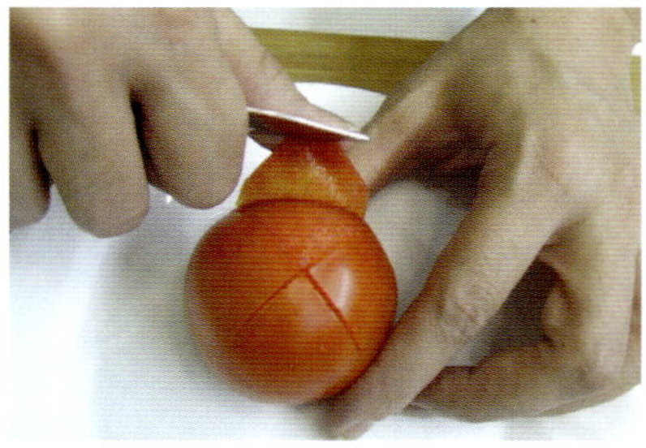

8 Die Tomatenhaut abziehen …

9 … und die Tomaten halbieren.

10 Tomatenstrunk herausschneiden.

11 Tomatenhälfte der Länge nach halbieren, …

12 … die Kerne entfernen, …

13 … in Streifen schneiden …

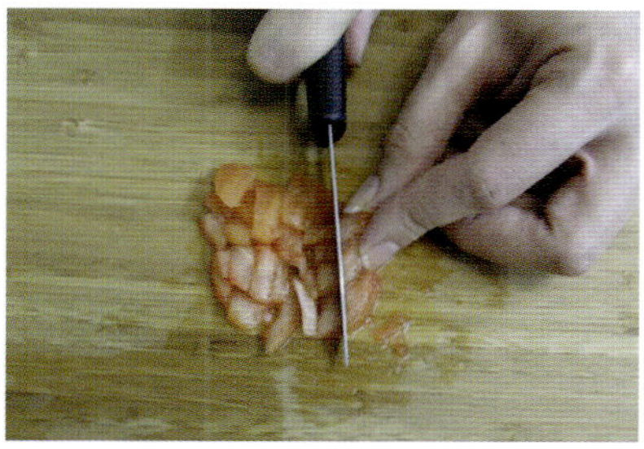

14 … und hacken.

15 Die gehackten Tomaten auf einen Teller geben und je nach Rezept weiterverarbeiten.

## Tomaten schneiden oder hacken (ohne häuten)

Menge nach Rezept

1 Tomatenstiele entfernen.

2 Die Tomaten waschen …

3 … und abtrocknen.

### Tomaten in Scheiben schneiden

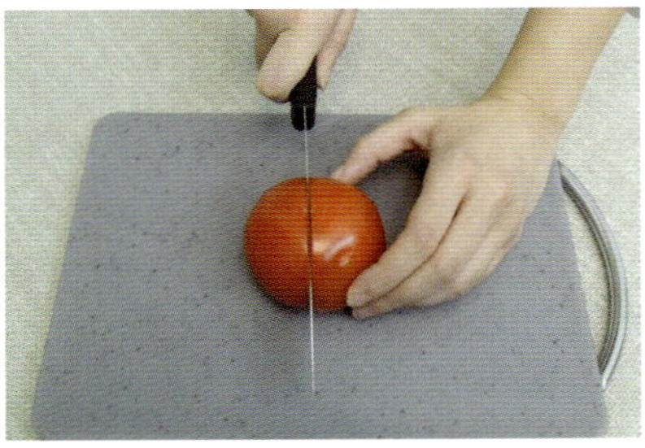

4 Die Tomaten zunächst halbieren.

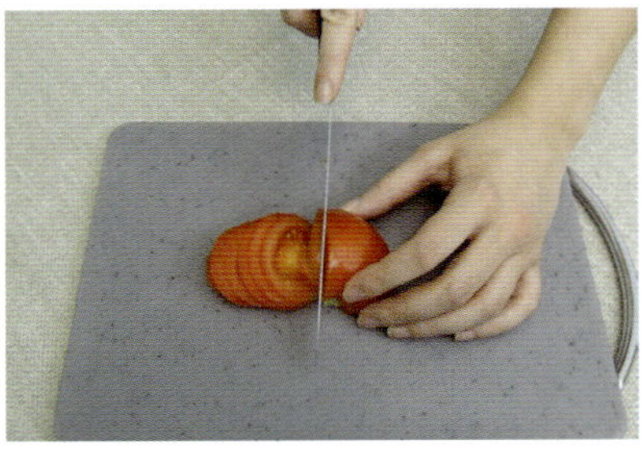

5 Die Tomatenhälften in Scheiben schneiden.

6 Den Strunk mit dem Messer entfernen.

### Tomaten hacken

4 Aus den Tomatenhälften die Kerne entfernen, …

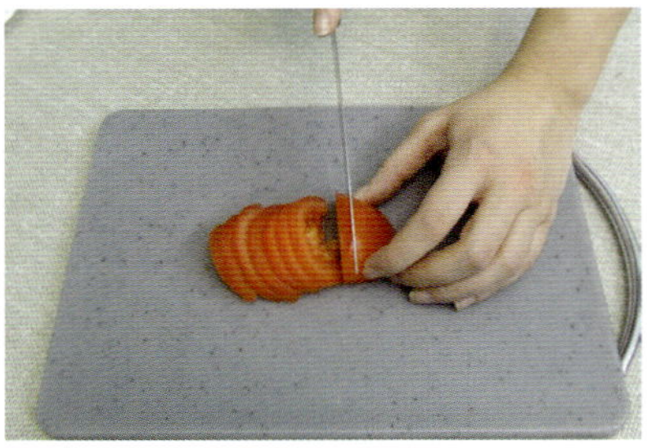

5 … die halben Tomaten in Streifen schneiden …

6 … und fein hacken.

## Zwiebeln vorbereiten

Menge nach Rezept

Zwiebeln können in Ringe oder Streifen geschnitten werden. Werden kleine Stücke benötigt, werden Zwiebeln gehackt.

Zwiebel

Schalotten

**So wird es gemacht:**

### Zwiebeln in Ringe schneiden

1 Beide Enden der Zwiebel abschneiden.

2 Die Zwiebelschale anritzen …

3 … und entfernen.

4 Von der Zwiebel feine Ringe abschneiden.

### Zwiebeln in Streifen schneiden

1 Die Zwiebelenden abschneiden und die Zwiebel halbieren.

2 Schale und Silberhaut der Zwiebel entfernen …

3 … und in Streifen schneiden.

### Zwiebeln mit dem Messer in Würfel schneiden

1 Zwiebelhälften in Streifen schneiden.

2 Anschließend quer zur Schnittrichtung der Streifen kleine Würfel schneiden.

### Zwiebeln hacken (mechanisch)

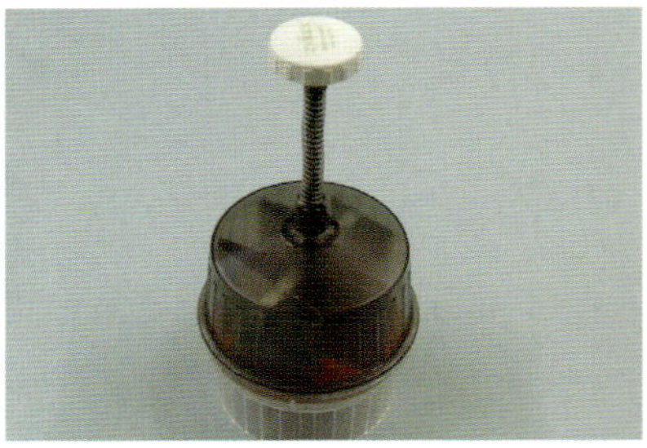

1 Mechanischer Zwiebelhacker

2 Zwiebelhälften auf ein Holzbrett legen und den Zwiebelhacker darüberstellen.

3 Den Griff einige Male nach unten drücken und wieder loslassen, bis die Zwiebeln fein gehackt sind.

4 Den Zwiebelhacker anheben …

5 … und den Rest der Zwiebel mit einem kleinen Löffel aus dem Gehäuse entfernen.

## Zwiebeln hacken (elektrisch)

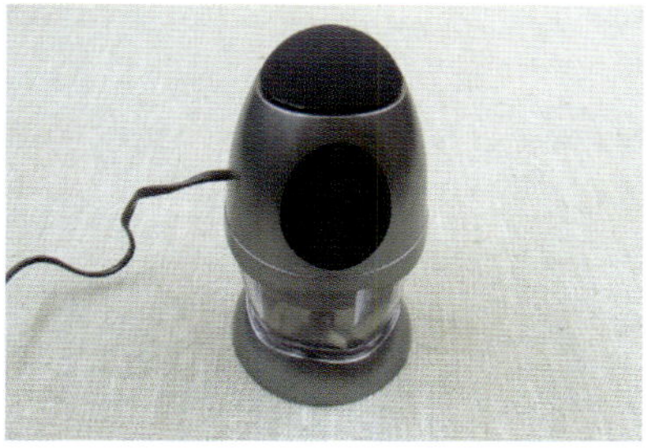

1 Elektrischer Zwiebelhacker

2 Zwiebelstücke in den elektrischen Zerkleinerer geben.

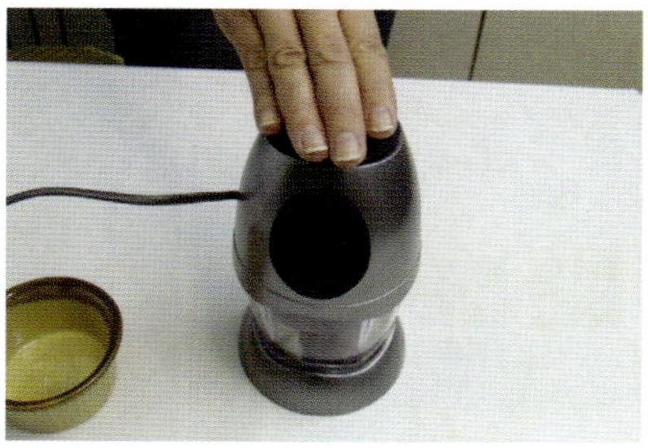

3 Das Gerät schließen und einige Sekunden einschalten (Deckel nach unten drücken), …

4 … das Messer dreht sich und zerkleinert die Zwiebeln.

5 Den Deckel abnehmen und den Messereinsatz vorsichtig aus dem Gerät entfernen.

6 Die Zwiebelstücke in eine Schale geben und je nach Rezept weiterverarbeiten.

## Zwiebeln mit der Reibe zerkleinern

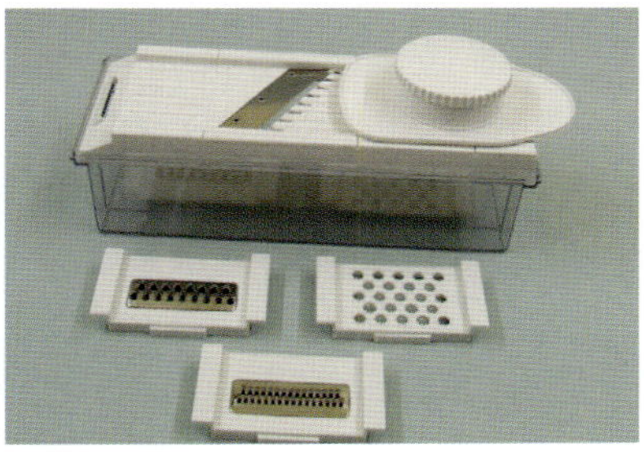

1 Gemüsereibe mit verschiedenen Einsätzen

2 Die ganze Zwiebel auf den Halter stecken …

3 … und über das Messer führen.

4 In der Auffangschale bleiben die Zwiebelstücke zurück.